たまらんぜ!

芸人人生 七転び八転び

ビッグボーイズ
なべかずお／著

山中企画

まずは言いたい！
60代で〝売れっ子〟になる！
ウルトラミラクル起こすぜ！　たまらんぜ！

錦鯉が50になって当たった。「ミラクル」だって、みんな騒いだけど、オイラからしたら、「冗談じゃねぇ！」って気分だね。

50なんて、まだまだガキ！　60、70になって、本当の味が出てくるんだから。ネタでボケてんのか、ホントにボケてんのかわからなくなるくらいになって、「本当の芸人」になった、てことなんじゃないの。

ビックボーイズ？　知らない。

なべかずお？　知らない。

そりゃ、そうだよ、売れてないんだから。

年いくつ？　66。

無理にきまってんじゃん！　と、面と向かって言われたって気にしない。50で当たった錦鯉が「ミラクル」なら、こっちは「ウルトラミラクル」で行く。

27の時に、どうしても芸人になりたくて、車にコタツと布団とテレビ積んで、現金7万円握りしめて東京に出てきた。辿り着いたのがストリップ劇場の浅草フランス座だ。コメディアンだけじゃない。踊り子さんの衣装の片づけから、掃除、エレベーター係、照明の助手、外でのお客さんの呼び込みまで、雑用は何でもやらされた。特に呼び込みは恥ずかしくて、なるべく道行く人に目を合わせないようにした。

半年後に入って来た後輩が浅草キッドだった。5人入って来た若手のうちの2人が彼らだった。水道橋博士ちゃんも玉袋筋太郎ちゃんもタダの若僧で、「こんなのに負けるわけないだろ」と思ってたら、数カ月で抜かれてしまった。お笑いのセンスが段違いだった。博士ちゃんは国会議員にまでなってしまって、限りない差がついてしまった。

しかしまだ、勝負はついてない。

ビックボーイズというコンビを組んでから、若い時には、さまざまなライブに出てみた。『太田プロライブ』では、爆笑問題と一緒になったし、大川興業の『すっとこどっ

ビックボーイズも、もうすぐ結成30年

こい』では、海砂利水魚、今のくりぃむしちゅーとも一緒になった。コンビだったころのバカリズムをはじめとして、今輝いているたくさんの芸人たちと同じ舞台に立った。みんな、オイラとはセンスが違っていた。海砂利水魚の、ボケの有田ちゃんよりもツッコミの上田ちゃんのが目立つ漫才を見て、こんな作り方があるのか、と目を見張ったりもした。

到底、ネタのセンスやしゃべくりのうまさでは勝てない、とわかって、それ以外の武器を身に付けようと心に決めた。皿回し、パントマイム、マジック、カラオケの司会…。いろいろやった。おかげで、「営業」の仕事はけっこう来るようになったけど、テレビの「売れっ子」への道はどんどん遠のいていった。

「それでもいいじゃないの。好きな芸人を40年もやれたんだから」

慰められたりする。先輩の芸人の中にも、

「オレはもう売れる気はないよ。今さら売れたってわずらわしいだけさ」

諦めの境地に入っちゃった人もいる。

ダメだよ、諦めちゃ。オイラは諦めない。棺桶に足を突っ込むまでは、まだ勝負はついてない。


ビックボーイズが漫才協会に入ってからも、もう30年。

思い返してみたら、後輩に抜かれていったことしか覚えていない。特にナイツには、並ぶ間もなく、あっさり抜かれてしまった。気が付いたら、塙ちゃんは協会の副会長になっていて、宮田陽・昇の陽ちゃんも副会長。ナイツの土屋ちゃんも常任理事。すでに大黒柱だ。

それればかりじゃない。理事といえば、芸歴では先輩ながら、協会には後から入って来た「コントロ山口君と竹田君」の山口さんはともかく、ロケット団の三浦ちゃん、倉本ちゃん、宮田陽・昇の昇ちゃん、ねづっちちゃん、新宿カウボーイのかねきよちゃん、ニックスのトモちゃん、オキシジェンの三好ちゃんなんて、みーんな後輩。U字工事の益子ちゃんや、BOOMERの河田ちゃんとかは、つい最近入って来たメンバーだ。

ついにオイラにはお呼びがかからない。理事選で、候補に上がったこともない。これだけ長くいるのにずっと「平会員」なのは珍しい。たぶん人望がないんだろう。

いや、理事にだって、当たりさえすればなれるはずだ。まずは当てることだ。こちらも、まだ勝負がついてない。

実はすでに一度、15年前に大きな勝負をかけたこともある。CD『たまらんぜ』の制作だ。綾小路きみまろさんがCDを配って売れたのに触発されて、じゃ、オイラもやってみよう、となったのだ。普通に歌やしゃべくりを入れても面白くないからラップにしてみよう、となった。

「おカネが欲しくてたまらんぜ」「彼女が欲しくてたまらんぜ」「貯金が全くたまらんぜ」と「たまらんぜ」を連発する超ド迫力異色ラップCDだ。ただし制作費10万円。

これで話題を沸騰させて、一気にスターダムにのし上がろうとしたら、すぐにナイツの塙ちゃんがイジってくれた。

「50をすぎて、まだ売れるためにジタバタしているなべさんは素晴らしい」

ホメられてるんだかケナされてるんだからわからないが、とにかくそれをキッカケに、『ナカイの窓』や『アウト×デラックス』や、いろんなテレビ番組に出演させてもらった。

だが、なかなか結果が出ない。ウチの女房によれば、

「テレビに出てる時のあなたの目はシロートの目になってる」

と、シロートに「シロート」と言われる情けないありさま。どうも、テレビに出ると緊張して、普段の面白さが出ない。

敬老会とかなら、しゅべくりやマイム、マジックを織り交ぜて、お年寄りたちを爆笑させる自信はあるんだが。

いや、まだまだ勝負はついてない。

めざすはウルトラミラクル！　この本をキッカケに60代で世の中に躍り出てやる！

そうしたら、もう、印税ガッポカッポで、たまらんぜ！　ダッハハハハ～！

たまらんぜ！　芸人人生七転び八転び◆目次

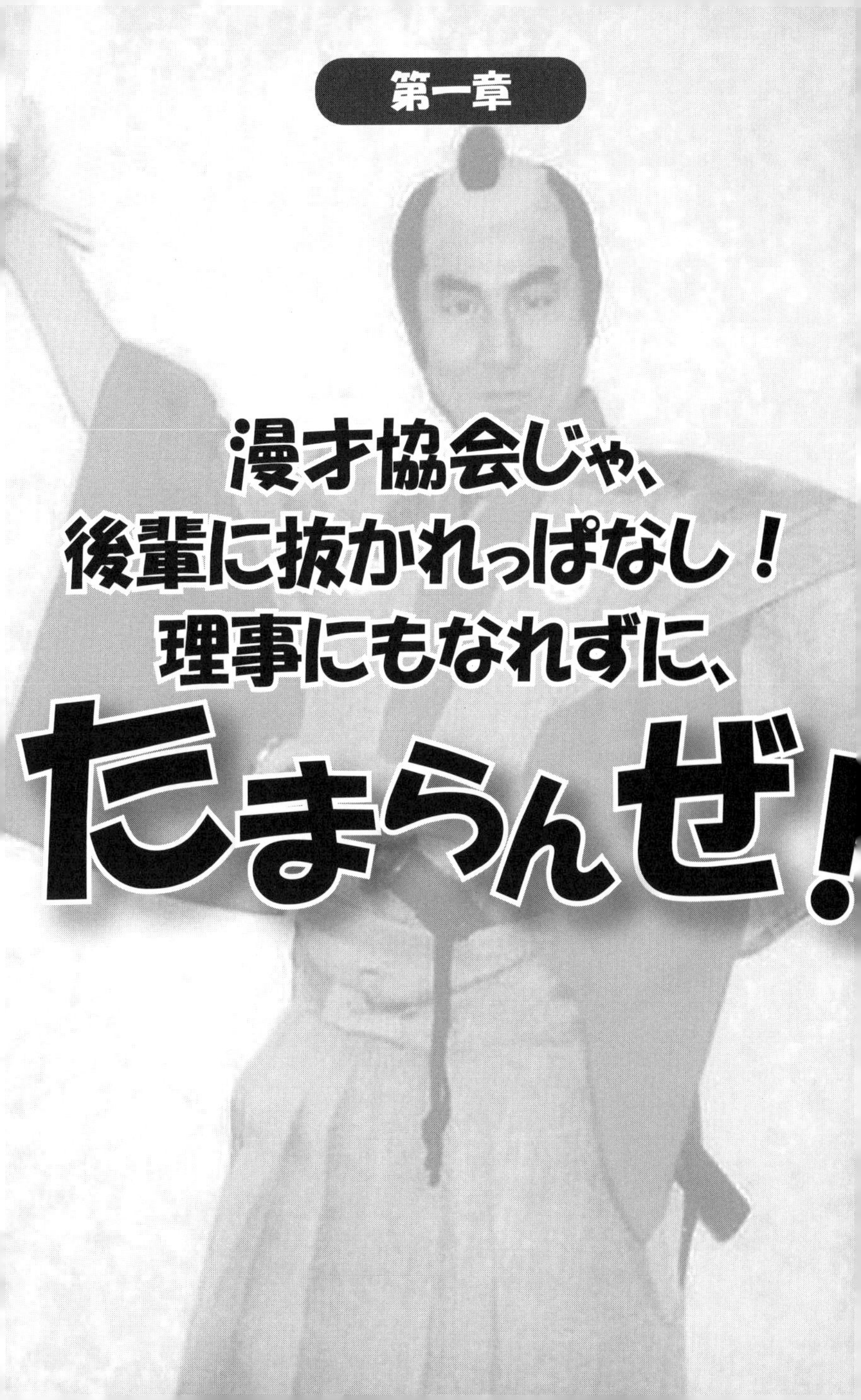

第一章

漫才協会じゃ、後輩に抜かれっぱなし！理事にもなれずに、たまらんぜ！

「もう協会に30年もいるのに、理事の経験なし。入ったばっかりのメンバーがなったりするのに」

漫才協会では、浅草公会堂とか産業会館の会議室借りて、総会をやる。そこで2年に1回、理事選挙をするんだが、オイラはいつも落ちる。自分では自分に票入れてるし、先輩の師匠たちの中には「なべちゃん、入れといたから」なんて言ってくれる人もいるのに、なぜかフタをあけると、ぜんぜん票数が足りない。

ナイツやねづっちちゃんはともかく、最近入ったばかりのU字工事やBOOMER、20以上も年が下の新宿カウボーイのかねきよちゃんまで理事になったっていうのに。理由がよくわからない。ときどき若手連中もオゴったりするし、お説教なんて一切しない。別に嫌われてるわけじゃないんだけど。

頼りがいがないのかな。そういや、後輩でオイラに人生相談とかネタの相談に来る人間はほとんどいないなぁ。

まあ、どうしてもなりたいってわけでもないけど、一度もなれないってちょっと寂しいよね。ライブの司会なんかもあんまり得意じゃなくて、まあ、理事と司会はむずかしくて、たまらんぜ！

「ロケット団は、舞台の上で、名指しで『ビックボーイズのなべさんは、先輩だけど尊敬できない』ってネタにするんだよ、ダッハハハハ〜！」

「イジられキャラ」っていうより「ナメられキャラ」なのかね。でも、オイラは気にしてない。ソデでオイラの名前言ってくれるの待ってて、「何でだよ！」って出て行けばウケるから。つまり待ち構えてるんだな。

よくやってくれるのがロケット団かな。

「なべさんは物忘れもヒドくて、女好きで、60過ぎてもバイアグラ飲んでて、先輩だけど、とても尊敬できない」

って言ってくれて、「うるせーよ！」って出て行ったりするわけ。

もともとはナイツが「なべさん、当てたくて『たまらんぜ』ってCDまで出したのに

大スベリ」とイジってくれたあたりからかな。BOOMERやプリンプリンなんかも、

「あんまりヘンなこと言うと、なべさん出て来ちゃうぞ」

それを合図に出て行くと、やっぱりウケる。ときどき、こっちが出るの忘れると、かえって向こうがガッカリしたり。

いいのいいの、ナメられたってどうしたって、名前出してくれるうちがハナだから。

「せっかくオイラが真打昇進の披露をした『漫才大会』、NHKが放送したのに、オイラの出番は全部カットだもん。あれは悔しかった」

漫才協会では年1回、浅草公会堂なんかを借りて『漫才大会』を開く。協会員が総出演の賑やかな大会だ。

またそこで、協会が、この人達は一本立ちの芸人になった、と認めると「真打」に上げて、『漫才大会』の中で披露してくれる。

真打になったのは嬉しかったが、NHKに出られなかったのは、残念！

ビックボーイズも平成18年に真打昇進して、もちろん披露もやった。

『漫才大会』って、NHKでも放送されるイベントだし、オイラは、当然、ビックボーイズも放送されるだろう、って期待してたの。そしたら青空球児・好児師匠やナイツはともかく、そのころ、結成したばかりのコンパスまで出てくるのに、とうとう最後までビックボーイズはなし。

全部カットされてた。

球児師匠には「出せなくてごめんね」って慰められたけど、あれは涙がチョチョ切れた！　会場では、爆笑をとって盛り上がってたのに。

「ほぼ同期のぴろきさんが『笑点』に出たのも、割にショックだった。ロック座で一緒だった時期もあるし」

漫才協会でほぼ同期だと、ギタレレ漫談で頭をちょんまげにしたぴろきさんがいる。オイラ、以前、浅草ロック座でもコメディアンとしてやってて、そのころぴろきさんもロック座に出てた。だからって別に「ライバル意識」なんてないものの、ずっと気にはなっていた。

そのぴろきさんが、はじめて『笑点』出た時は、さすがにショックだった。はっきり差を付けられちゃった感じだし。しかもそれから準レギュラーみたいによく出るようになって。

ちなみにオイラが『笑点』に呼ばれたのはBSの方で1回だけ。消防士のコントで、相方の羽生ちゃんのちんちんイジクるみたいな下ネタやったら、もう2度と呼ばれなくなった。『笑点』では、下ネタをやるとダメなんだ・・・ダハハハ〜、たまらんぜ！

「コンクールには一切関係なし。ナイツが次々に賞を取るのを見ても、センスも違うし、ちょっと悔しいなとは思うけど、実力の差は歴然だし・・・。でも、敬老会ならオイラはナイツに負けない自信がある」


オイラが真打ちになった何年後かの『漫才大会』で、当時、漫才協会会長だった内海桂子師匠が、

「ナイツがＮＨＫ漫才コンクールで優勝しました」

って発表して、舞台上も客席も大拍手だったのは覚えてる。

悔しかったか？　と聞かれたら、ちょっとはあったかもしれない。その時、オイラは50になってて、20も下のコンビがどんどん前を行くんだから。

ただ、正直な気持ちは「グウの音も出なかった」。あの有名な「ヤホー漫才」聞いても、あんなネタを作れるセンスはオイラにはないし、そもそもどこが面白いのか、よくわからない。そりゃ、あっさり抜かれるって。

でもね、敬老会行ったら、ビックボーイズの方がウケる自信はあるよ。こっちは皿回しもマジックもやるから。

「前に営業で、お客さんから『なぞかけやってくれ』って来るのを予想して、出番前に、ねづっちちゃんに電話したことがある。そしたら、すぐいい答えを教えてくれた」

ほら、Wコロンが「ととのいました」でブレイクしたこともあったでしょ。特にねづっちちゃんは、「なぞかけの天才」だからね。オイラにはあんなの、できるわけないし、「チクショー、抜かれた」なんて気持ちは全然起きなかった。そういうとこで、もっと発奮した方がいいのかもしれないけど。

実はねづっちちゃんには頭が上がんないんだよ。前に営業で、書道の先生を囲んでの新年会に呼ばれたことがあって、その時、たぶんお客さんから、

「『書道』をお題に、なぞかけやってくれないか」

っていうのが来るだろうと予想して、前もってねづっちちゃんに電話したことがあったの。「なぞかけやれって頼まれそうだから、考えてくれ」ってね。

そしたらねづっちちゃん、お題を聞いて一瞬で答えを返してきた。

「じゃ、こういうのどうです。『書道』とかけて『関西のお笑い芸人と解く』そのココロは『やはり文鎮（文珍）もいるでしょう』」

もちろん舞台では、それ、披露した。「さすが芸人」て、拍手もらった。つまり完全な「人のフンドシ」。ありがたいね。これも漫才協会の仲間だからこそ。

しかし、こんなことしてたら、「尊敬されない先輩」とイジラれてもしょうがないか。

「コウメ太夫には、2度、営業を頼んで、2回ともコロナでそれがボツになったんで、お詫びにコメ30キロ送った」

今じゃ、あのコウメ太夫ちゃんも漫才協会員。楽屋で顔見知りになって、営業行ってくれないか、と頼んだりもした。素顔は真面目そのもので丁寧な人間で、「承知しました」

おコメをいただいた（有）稲建の池田康一社長と

とすぐOKしてくれた。オイラの知りあいの池田社長の依頼で、会社の宴会だったんだ。

ところが、コロナのお蔭で中止になっちゃった。それだけでも申し訳ないのに、社長、「こんどこそ」と、次に息子さんの結婚式にコウメ太夫ちゃんを呼ぼうとしたの。で、またまたコロナで中止。「2回もキャンセルじゃ、本当に申し訳ない」と後から30キロのコメ、3袋送っていただき、2袋はオイラと相棒の羽生ちゃんでもらうつもりが、羽生ちゃんは「オレはいいよ」と言うので、ウチで2袋もらった。で、あと1袋は、宅急便とかで送ると送料がかかるんで、車に乗せて、コウメ太夫ちゃんの家まで持ってった。

キャンセルされたグチを言うでもなく、「おコメ、ありがとうございます」と丁寧に答えられて、こっちが恐縮しちゃった。

「東洋館でも、売れてる芸人が出てる日はお客さんの入りはいい。ナイツ、おぼん・こぼんと看板に名前が出てると、それにつられて入ってくる人も多いんだろう」

浅草は、変わってきてるよ。浅草寺を中心に仲見世や六区のあたり歩いてても、若い人が多い。それも和服を着た女の子とか。昔の「年寄の街」のイメージとはだいぶ違う。だから漫才協会のホームグラウンド・東洋館のお客さんも相当若返ってる。売れてる芸人が出てると、そういう若いお客さんもけっこう入ってくれる。外で出演者の香盤表が出てるんで、それ見て、「ナイツが出るなら見ようか」ってなる。ありがたいよ。お客さんは多いにこしたことないから。コロナで一時期、だいぶ減ったものの、ここんところ、盛り返して来てる。

ナイツだけじゃなく、おぼん・こぼん師匠の出番日もお客さん増える。『水曜日のダウンタウン』で、すっかり「仲悪いコンビ」が定着して、そのネタになるだけでドッとくる。

もっとも、少し残念な時もある。前も、オイラが楽屋入りしようとしたら、ちょうどU字工事のネタが終わったところで、親子の客が帰ろうと廊下に出てきてる。

「やっぱりU字工事は面白いね」「そうだなあ」「あと、面白いのいないから、これで帰ろう」「そうだなぁ」

おいおい！　ビックボーイズの出番はこれからだぞ！　と叫んでやりたくなった。もちろん、叫ばなかったけど。その親子、満足そうにさっさと帰ったね。

また、ナイツやU字工事が出ると、若いお客さんが多くなるでしょ。これがオイラには難しい。皿回しやパントマイム、マジックみたいな営業ネタでは笑ってくれないんだよね。

しゃべくりのセンスじゃ勝負にならないから。

「おぼん・こぼん師匠はホントに仲悪い。打ち上げで一緒になっても、背中合わせで飲んでる」

すっかり有名になってるおぼん・こぼん師匠の仲の悪さだけど、あれは正真正銘、ホント。ヤラセじゃない。前に、オイラが主催する『ビックボーイズとゆかいな仲間たち』ってライブにゲストで出ていただいたことがあって、終わった後に「打ち上げ行きませんか」って誘ったの。そしたら、もともと飲むのが好きなこぼん師匠が「行くよ」と答えてくれたのは予想通りとして、酒をあまり飲まないで、たぶんいらっしゃらないと思ってたおぼん師匠も「行く」。

こりゃ、ちょっと気を使うよね。打ち上げの席じゃ、お二人は背中向けあって、一切話もしない。まわりもどう話を盛り上げたらいいかわからない。その雰囲気を察したのか、おぼん師匠は途中で退席して、1時間以上たってからまた戻って来た。いったい、どこに行かれてたんだろ？

どうもまわりに聞いても、お二人が酒の席で一緒になるって、相当珍しいらしい。

「錦鯉もブレイク前にオレラのライブに出てくれたんだ。彼らも漫才協会だから、すっかり協会も層が厚くなったよね。オイラとしたら、抜かれがいのある後輩たちが次々出てくる」

大ブレイク中の錦鯉も、売れるちょっと前に漫才協会に入ったの。

もともと、オイラのアニキみたいな人で、加納良治さんて方がいた。Wけんじ一門で、細川たかしさんのショーの司会やったりしていた。今の女房と付き合うキッカケを作ってくれたり、とにかくいろいろ世話になってたの。残念ながら、3年前に亡くなったけど。

その加納さんが、年3回、『笑漫』てお笑いライブやってて、錦鯉もレギュラーみたいに出てた。加納さん、大絶賛で、「錦鯉は、必ず伸びる」ってよく言ってた。

それで、オイラも、彼らがずっと気になってて、一度、『ビックボーイズとゆかいな仲間たち』に出てもらったんだ。ウケてたよ。これで、なんで50近くなってもなかなか売れないんだろう、と逆に不思議だったくらい。

そしたら、そのうちに漫才協会に入ってきて、さらにM―1優勝でたちまちスターになっちゃった。東洋館で顔合わせた時、しみじみ感謝したね。

「よかった。売れる前にオイラのライブ出てくれてありがとう」

だからテレビで錦鯉の顔見るたびに、加納さんを思い出すんだ。


「漫才協会にいるおかげで、オレラのライブにもみんな出てくれる。ナイツも快く出てくれた。忙しくて打ち上げは欠席だったけど」


年1回やってる『ゆかいな仲間たち』には、おぼん・こぼん師匠やナイツ、ロケット団、母心、ねづっちちゃんも出てくれて、この前はビックスモールンも出てくれた。あと、コウメ太夫ちゃんや、サッカーの本田圭佑のマネするじゅんいちダビッドソンちゃんまで来てもらった。じゅんいちダビッドソンちゃんも今や漫才協会員なんだから、協会も幅広くなったもんだね。エラいよ、ナイツの塙ちゃんは。いろんな人連れてくる。

ただ、残念ながら、そのナイツは、忙しくて、ライブに出てくれた時も、「この後、フジテレビで仕事が」って打ち上げには出ないで行っちゃった。

ああいうのって、羨ましいな。打ち上げに誘われて、

「すいません。この後、テレビ局で、ちょっと」

とか言って行っちゃうの。オイラも、「この後、テレビの仕事がありますから、これで失礼します」と、一度でいいから言ってみたくて、たまらんぜ！

（証言）
おぼん・こぼん
おぼん

●「漫才協会ゴルフ部」の中心的存在で、よくなべともプレイする。ゴルフのウデはなべよりだいぶ上とか。

「芸達者なのに、案外、メンタル弱いのが惜しいんだよね」

なべちゃんとは、よくゴルフをやった。朝の4時半から戸田の河川敷でやったり。ナイツの土屋やねづっちとかも一緒だったっけな。なべちゃんは、口の多いうるさいゴルフで、土屋たちによくあーだこーだと教えてた。そのうち、後から始めた方がうまくなっちゃったけど。

コロナの前には、「漫協ゴルフ部」で、泊りがけで行ったりもした。スポンサーは師匠たちが見つけて仕切ってくれるんで、オレたちは楽しめばいい。

前夜祭では、なべちゃんは、得意の裸芸を思いっきりやる。他のみんなもやるんだけど、なべちゃんの、ピザ小僧にマジックで顔描いてしゃべるのやら、尻に顔描いてしゃべる「人面ケツ」やらは、必ずやる。スポンサーも、いつも見るから「またかい」って感じなのに、本人は懲りないんだ。それに、同じ芸でも、見ないと寂しい。盛り上がる。

酒は強いよ。いつも賑やかだし、酔ってるのかシラフなのかよくわからないけど。

彼の芸は、オレは好き。いろんな芸持ってて、芸達者じゃないか。パントマイムなんて大好き。でも、まだ中途半端なところはあるな。ちょっとスベったって気にしないで、どんどん前に出てきてやっちゃえばいい。

案外、メンタルが弱いんだよ。テレビ出てても、アガッてるのがわかる。売れるヤツは、シロートの時からメンタル強くて、どんどん前に出てくるのに、なべちゃんはどこか遠慮がある。

なべちゃんなんかは、根が明るしい面白んだから、もっともっとまわりなんか気にしないで前に出ればいいんだ。メリハリなんて関係ない。一切引かずに押しばっかりでやっていけばいい。「うるせー！　あっちにいってくれ！」とまわりに煙たがれるくらい暴走したっていい。

今さら遠慮する年じゃないだろ。

（証言）

おぼん・こぼん

●一緒に飲みにつれて行ってもらうことも多く、なべが最もたくさん「オゴッてもらっている」先輩。

「なべちゃんは、古いことも新しいこともどっちも知ってる『最後の芸人』だね」

サービス精神は、スゴいね。舞台じゃなくても、人が集まると皿回しやらパントマイムやら、営業でやってるような芸をやるから。飲みの席でもゴルフでも。あれはなべちゃんなればこそだろう。

真面目で、芸でも本気で取り組んでるし、そんなに大きな失敗はしてないと思うけどな。

テレビに出るとスベってるって話は聞くけど、オレはあまりそういうテレビ見ないから。ちょっとわかんない。

飲む席でも、気を使ってくれるよ。こっちの酒がなくなったらついでくれたり、ツマミを注文してくれたり。かなりアンテナ張って、まわりを見てるんだな、って感心する。マメなんだろうね。

マメっていえば、おねーちゃんにもマメ。モテるんだよ。やさしいし、おそらく「ほっとけない」タイプ。「女のコがほっとかなくて」なんて本人もよく自慢する。

営業ネタは若いころから一生懸命勉強したみたい。けっこう形になってる。ただ、和太鼓とタップダンスはうまくいかなかった。『漫才大会』のオープニングでやるんで、なべちゃんも練習したのに、結局サマにならなかった。うまく身につかなかったね。

協会の理事になれないって、本人、嘆いてんの？ そんなことないでしょう。本人、別にやりたくないと思うよ。要するに、パシリみたいに働かされるだけだから。もっと若い人に任せた方がいいよ。

無理して、売れようと力む必要もないんじゃないかな。芸人ならば売れたいってのはもちろんだけど、売れてカネが入るようになっても、その分、いつ落ちるか心配になったり、しんどくなるだけだよ。それよりいかに長く楽しんでやっていけるか、だ。

なべちゃんを一言でいうと「最後の芸人」てところかな。師弟関係も知ってるし、フランス座も知ってる。若い連中とも付き合ってて、古いのも新しいのも知ってる。

今の、学校出身の、タレントを目指すためのステップとして「お笑い芸人」やってる若手とは、やっぱり違う。だから「最後の芸人」。

（証言）

ナイツ 塙宣之

●漫才協会では、ビックボーイズより約10年遅く入ったにもかかわらず、すでに協会副会長。THE MANZAI 2011準優勝をはじめ、数多くの賞レースで実績を残す。しばしば「協会の笑える先輩」としてビックボーイズのテレビ出演を手助けしている。

「なべ師匠が売れるとしたら生まれ変わっての来世かな」

なべ師匠がありがたいところは、いくらイジってても怒らないところでしょうね。

テレビとかで、浅草の師匠の皆さんを紹介する機会がけっこうあるんですが、中には、「後輩になんかイジられるのはイヤだよ」と出演拒否の人がいる。でも、なべ師匠はいつでも協力的で、何でもやっていただける。

それで、こっちが、

「『たまらんぜ』ラップをここでお願いします」

って頼んでいても、テレビとかなら、緊張して、タイミングはずしたりする。芸人でありながら、ちょっと「あがり症」なんです。

地上波じゃなくて、YouTubeでもそう。うっかりハズしてしまって、恥ずかしいのか、なべ師匠、パントマイムとか余計な営業ネタはさんで、ますますその場を凍らせるんです。

困るかって？　とんでもない。ぼくらは最初からその「スベり」を狙って来ていただいているからまったく問題ない。ありがたいくらい。

ところがなべ師匠、終わった後で、「すまない。こうすればよかった」みたいな反省のメールを長々と送ってきたりする。そっちのが困っちゃう。

15年くらい前ですかね、CDの『たまらんぜ』をリリースしたころは、「塙ちゃん、頼むから宣伝してくれよ」って、わざわざパソコンにメールの添付ファイルで曲を送ってきて、さっそくスイッチ入れても、ぜんぜん流れてこない。夜だったんで、そのまま寝ちゃったら、夜中の3時ころになって、突然、大音量で「たまらんぜ！」と始まって飛び起きました。

データが重すぎたんでしょう。まいっちゃいますよ。

ところが、そんなに力入れてるはずなのに、いざテレビで『たまらんぜ』やってもらうと、恥ずかしいのか、うまくハジケないし、第一、いつやっても歌詞をよく覚えてないんです。

漫才協会の先輩としては、なべ師匠はやさしいし、若手からも愛されるムードメーカーですよ。球児・好児師匠やおぼん・こぼん師匠の次の世代に当たるんだけど、まだ「若い」イメージがある。それでいて、フランス座で修業してたみたいなキャリアの裏付けもある。

ただ、漫才として見ると、「押しの笑い」で「引きの笑い」はないよね。いつでも全力で、お客さんが笑わないと、自分が笑って盛り上げようとする。

かえって、パントマイムみたいな小技やる時の方が、しゃべりよりもテンポがいいですよね。ひょっとしてコントやお芝居のが向いてたのかもしれない。吉本じゃないけど、演芸だけじゃなくて新喜劇みたいなのまであると、もっといい味が出るのかもしれないですね。

案外、真面目なんです。いつも新ネタ考えてるし。楽屋でもよく練習してる。ひょっとして練習しすぎかなって思うくらい。それで舞台でも、どこか1カ所でも羽生さんの反応が違うと、後で、

「何で打ち合わせ通りにやんないんだよ」

って怒ってたりする。はたから見ると、何十年もやってんだし、もっとそういったあたりは柔軟にやれないもんかなと不思議なくらい。アドリブがあまり得意じゃないんで

しょう。

でも、なべ師匠のエラいところは、「自分はまだ売れたいし、売れるチャンスもある」と信じているところでしょう。普通、66にもなれば、「もう売れなくてもいいや」と諦めちゃうでしょう。あの人は諦めない。テレビに出たくてしょうがなくて、浅草でプロの芸人になってからも、『笑っていいとも！』のシロートのコーナーに応募して出ちゃった人ですから。前向きなんですよ。後輩にどんなにイジられてもめげないのが、とても素晴らしい。

じゃあ、実際に売れるかとなったら、なかなか難しいかな。50で売れた錦鯉は奇跡だし、60代で売れた人もほぼいない。70代となったら、もう期待は来世しかないでしょう。

いや、なべ師匠なら来世で生まれ変わった時に売れるかもしれない。

（証言）
ナイツ 土屋伸之

●漫才協会では常任理事をつとめる。なべとは、ゴルフで一緒にコースを回るなど、仕事以外の交流もけっこうある。

「『芸はあるけどプライドがない』というタイプなんでしょうかね」

なべさんは、後輩に対して、むちゃくちゃやさしい方ですよ。若手からも好かれてるしね。

ただ、イメージとしては「永遠の平社員」ていうかな、エラくなる感じがしない。だから理事選なんかでは、いつも票が集まらないのかな。ぼくは毎回、なべさん、入れてるのに、なぜか必ず落ちる。

あれだけキャリアがあってフットワーク軽い人もいませんよね。いきなりラップで『たまらんぜ』ですから。ついイジりたくもなっちゃう。

芸はたくさん持っているんです。マイムもラップも、志村けんさんのモノマネネタまで持っていて、引き出しはとても多い。それなのに、後輩にどうイジられても、ニコニコして受けてくれる。「芸はあるけどプライドがない」タイプなんでしょうか。「プライド高くて芸がない」よりずっといいんじゃないかな。

確かにリーダーをやる感じではないですね。ナイツと一緒にテレビに出ていただいても、「ここぞ！」というところでは、緊張して目が飛んじゃったりしてる。不安が顔に出ちゃうんです。

それで後になって、羽生さんに、「もっとちゃんとツッコんでくれよ」なんて文句言ってる。あれば羽生さんのせいじゃなく、なべさんがアガってたからなのに。

困るのは、その後、必ずメールが来ることですね。

「今回もスべっちゃってごめん。ナイツちゃんのおかげで、また出られた。ありがとう」とか、反省と感謝の言葉が来るんです。あれ、どう返していいかわからない。

ちょっとドが過ぎてるのは下ネタですね。

ゴルフでもキャディーさんがいると、カートに乗って、タクシーに乗った気分で「渋谷まで」なんてボケるのまではサービス精神として許せます。ところが、真夏のゴルフ場で、なべさんがフラフラになってるのを心配したキャディーさんに、

「熱中症じゃないですか？　渇いていたら水分をおとりになれば」

と言われて、なべさん、

「おかしいなぁ。知ってる女のコなら、いつもあそこがビショビショなのに」

もう男でも引くような下ネタをサービスのつもりでかましちゃう。梅干しを瓶にいれてもってきて、みんなに配るくらい気配りの出来る人なのに、あの下ネタはね。

ありがたい先輩ですよ。番組に来ていただいたら、こちらの期待通り確実にスベってくれるし、後輩を立ててくれますし。ぼくらとしてはスベっていただいた方がありがたいですし。

出来ればスベってても気にしないでどんどん突っ走っていただきたいですね。あの反省と感謝のメールだけは勘弁してほしい。

これから売れるか？　と聞かれても分からないですね。なべさんが売れる未来も、ちょっと見てみたい気はしますが。

（証言）
ロケット団 三浦昌朗

●漫才協会の後輩。東洋館の舞台でも、常々、「なべさんほど尊敬できない先輩はいない」と公言している。

「なべさんは世界一尊敬できないけど、ひょっとして大人物かもしれない男（笑）」

なべさんですか？

空気は読まないし、面白くもないし、まわりにイジられるために生きてるような人でしょうか（笑）。

とにかく、まず人のネタを平気でパクる。若手のネタとか、なべさんは東洋館の舞台ソデで見てるのはいいんだけど、ウケたコンビがいたりすると、「あのネタいいよね」って声かけてくる。でもそれはただの「いいよね」じゃなくて、「オレが使ってもいいよね」なんです。

ただ、妙に研究熱心で、それで、ときたま、「きょうは新ネタやるから。斬新だよ」って張り切ってたりする。ところが、出てくと、もう使い古されてる銀行強盗のネタで、しかも緊張してセリフがカミカミだったり。どうもピントがずれてる。

一度、なべさん、急に「MCやりたい」って言い出して、自分が主催する『ビックボーイズとゆかいな仲間たち』というライブでも、ネタは早めに済ませて、MCやったんです。

どうも前に出た『ちょっと昭和なヤングたち』というライブでMCやってるイワイガワさんに刺激されて、「自分もやりたい」と思ったみたい。でも、トークがうまく回せない。それで、最初にゲストの芸人に「結婚してんの?」と聞いて、「いや、してません」とか答えが返って来たら、もう次が出て来ない。ぜんぜんトークが盛り上がらないんです。

だから相手も困っちゃう。

こっちがなべさんを舞台でイジッても、思ったほどウケない。たとえばぼくらが舞台で、みんな芸人は楽屋でヤバいヤクをやってる、って「薬物ネタ」をするとしますね。「やってるよ」「やってねーよ」って言い合った末に、ぼくが、

「でも、なべさんはやってる」

って言ったら、なべさんがちょっと顔出して「やってねーよ」とか反応してウケる、っていうパターンがあります。

ところがなべさんは顔は出すのに、ただ笑ってひっこむだけで、ちっとも面白いこと言わない。それで、終わった後、「あんまりウケなくて、ごめんね」と謝ってくるんです。かえって困っちゃう。

それでときどき、仕返しするんです。すごいガラの悪いお客さんが集まってる営業に

呼ばれて、もう2度と来たくないなと思ったことがありまして。ところが向こうは妙に気に入ってくれて、「来週も来いよ」なんて。よし、ここだ、と答えましたね。

「ぼくらより、もっとずっと面白いビックボーイズっていうコンビがいるんで、そっちがいいですよ」

結局、ビックボーイズが行ったらしいですが、ウケたかどうかはわからない。

また、下ネタがあまりにエグいんですよ。打ち上げでも、横に女性がいるでしょ。そうすると、「もうすぐクリスマスだけど、やっぱり女のコはクリ●●ス」なんて平気で言う。とても大の大人とは思えない。笑ってるのは自分だけで、まわりはシラーッとしちゃう。

そりゃ協会の理事選だって通りませんよ。ぼくは選挙では、まずなべさんの名前を削るところからはじめます（笑）。

とまあ、こんなに後輩にムチャクチャなことを言われても、決して怒らないところが、なべさんの凄さかもしれませんね。かえって、

「いっぱいイジってくれてありがとう」

なんて感謝されちゃう。ひょっとすると、とても器の大きい人かもしれない。

なべさんを一言で言うなら「世界一尊敬できないけど、大人物かもしれない男」でしょうね（笑）。

（証言）ロケット団 倉本剛

●相方の三浦ともども、すでに漫才協会理事をつとめる、なべの後輩。芸でも役職でも、「とっくに追い抜かれた」となべも語っている。

「もっとパクりの芸を磨いてスベりまくれば、ひょっとして・・・」

まあ、そのパクり精神には、かえってアタマが下がりますね。この前、お亡くなりになったホームランの勘太郎師匠が、「なべのネタは全部、他人のパクりじゃねぇか」と怒ってましたけど、もう怒るとかそういうレベルじゃない。たとえばWリンダってコンビが、「オリンピックで競歩見たけど、あれ、2丁目のオカマの歩き方じゃねぇか」なんてやってるの見て、そのまま使っちゃう。

そのくせ、気が小さくて、まわりとネタがカブらないか、いつも心配してるんです。自分より出番が前の若手に「おい、きょう、オリンピックネタ、やる？　やんないよね？」って聞いて、やる予定のコンビがいたりすると、「やらないでよ」って頼んだりしてる。

テキトーで物忘れが激しいのは、定評がありますね。一度、仕事スッポかして、「すいません。次はノーギャラでいきます」って謝って、また同じ人の仕事スッポかした話は、もはや「伝説」です。

1万円札が大きくなるっていうマジックを、よりによって警察の余興でやったのも、なべさんならではでしょう。本当のお札を拡大コピーしたのを出して、「さあ、どうです」って警官の方がたくさんいる前で出すんですから。いい度胸と言うか、何も考えてないというか。

下ネタがまたヒドいんだ。知ってる女のコのオッパイもましてもらった話とか、もうシロートの親戚のオジサンレベル。ちょっと笑えないですよ。笑ってるのは言ってる本人だけ。だいたいが、まわりの空気を読まずに、勝手に突っ走っちゃう。

あと、けっこうセコいんです。おカネのない若手芸人相手に、安く衣装用のスーツを作ってくれる店が世田谷の梅丘にあるんですが、なべさん、一時、「あの店、紹介してよ」って盛んに若手に頼んでた。どうやら、知り合いの紹介なら、もっと安くしてもらえるともくろんだみたい。

球児師匠や、こぼん師匠や、目上の方々が飲みに行きそうなら、それを察して、ピッタリついていくのもなべさんの特徴でしょう。「ただ酒」に対する嗅覚は鋭い。

なべさんがこれから売れるかって言われても、どうでしょう？　今まで以上にパクりに専念して、いいネタを集めながら、テレビでは思い切りスべってほしい。「スべるおじさん」として注目されれば、あるいは売れるかもしれないですね。

（証言）
ねづっち

●漫才協会のなべの後輩。「なぞかけの天才」として知られ、しばしばなべも、なぞかけにチャレンジする際にねづっちの知恵を借りている。

「目指すべきは、『少しスケールの小さい高田純次さん』かな？」

とにかくテキトーというか、アバウトな人です。以前、『ビックボーイズとゆかいな仲間たち』ってなべさんが主催のライブに呼ばれた時も、てっきりビックボーイズがトリなのかと思ったら、トリがぼくで、なべさんたちは最初から2番目。「それはないでしょう」とぼくが言ったら、なべさん、

「違うよ。オレの会だから、順番はオレが決めるの。ただ、時間だけはキッチリ守ってね」

8時半に打ち上げ会場おさえたから時間厳守、とみんなにクギ差しておきながら、言ってる本人がぜんぜん守らなくて、ネタのばして、結局、打ち上げは9時スタート。

この人、何考えてるんだと思いましたよ。

待ち合わせするんでも、「三ノ輪駅の先頭車両で降りてくれ」って言われたりするんですが、どっち方面の先頭車両かがわからなかったり。

ゴルフでも、よくうるさいくらいにアドバイスしてきて、「な、ここはスライスだよ、

絶対」ってなべさんが言うから、逆にやってやれ、とフックで打つとうまくいったりして。そうすると、「な、オレの言った通りだろ」とか。ホント、テキトーです。

メールや電話でも、「なぞかけ」の相談はよくきます。「次の営業で、こんなところに行くから、こんななぞかけしてくれない？」みたいな。でもそれはなべさんだけじゃなく、おぼん師匠やナイツの塙さんや、いろいろ来る。ただ、他の人たちは舞台で使っても、「ねづっちからもらった」ってちゃんと言ってくれる。なべさんだけです、自分で作ったみたいな顔をするのは。

でもね、いくつになっても「売れたい」と前向きにやっている姿勢は好きです。CDの『たまらんぜ』作ったのだって、あれ、『エンタの神様』に出たくてやったんですから。まわりのみんなは「いい年して、なにやってんだか」と呆れてましたが、やろうとする気持ちは素晴らしいですよ。テキトーで、ろくに歌詞も覚えなかったんで、あんまりものにならなかったけど。

ゴルフに行くと、もう喜怒哀楽がはっきりしすぎてるっていうか。スコアがいい時は賑やかでうるさいし、悪い時は不機嫌で一言もしゃべらないし。さんざ「１００を切るまでが難しいぞ。がんばれよ」なんて激励しといて、ぼくが初めて１００切って、なべさんが１００オーバーだった時なんか、もうイライラしちゃって、「オレだってちゃんとやれば１００くらい切れるわ」と逆切れしてました。

下ネタもベタでヒドいな。

「女房とゴルフで18番ホールまで回って、さあ、夜は2人で19番ホールだ」

まわりはウケるわけない。引きますよ。自分だけガッハッハって笑ってる。

それでも40年も芸人続けてるんですから大したもんですよ。続ける秘訣は「安定した収入の女房を持つこと」って明言してましたね。あと、ひとり3千円超える居酒屋と1万円超えるゴルフには行かない。そのセコさも長くやっていける秘訣らしい。

売れるためには、どうしたらいいのかな？　あのテキトーさを生かして、「少しスケールの小さい高田純次さん」みたいになればいいかな。しかし気が小さくて、テレビ出ても、どうしてもちょくちょく生真面目さが出て、高田さんほどテキトーに徹しきれないのがなぁ。

正直、どうしたらいいか、わかりません。

第二章

生まれた時から生活保護！ビンボー過ぎて、たまらんぜ！

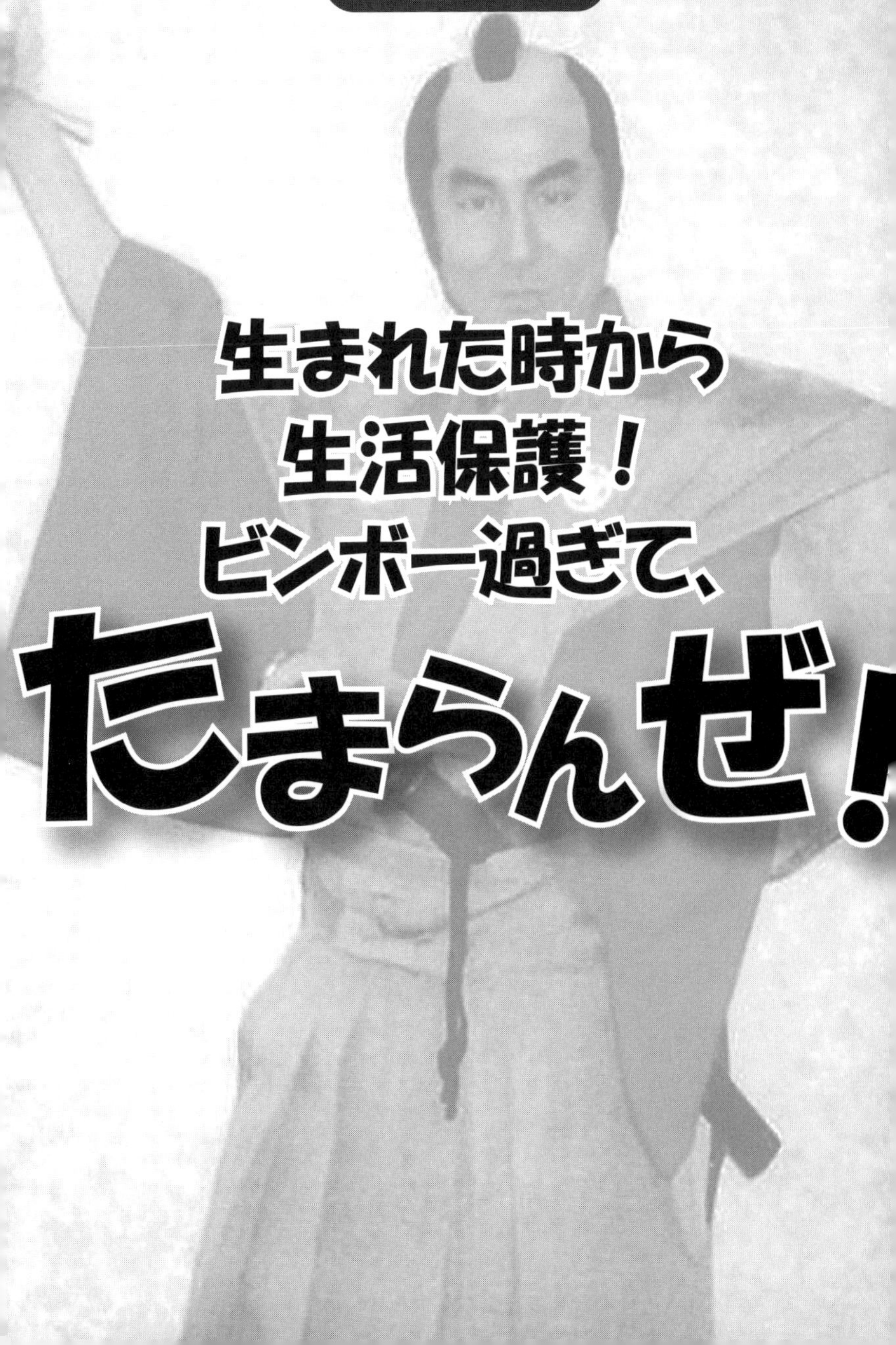

「オヤジは土方。つい働きすぎて、7万5千円の給料もらったりすると、役場の生活保護の担当の人が来て、金額が多すぎるからって3万円くらいもっていっちゃう」

生まれたのは北海道の滝川。昭和32年。もうドビンボーの家で、六畳一間にあとは土間っていう、時代劇に出てくるみたいな長屋だった。オヤジは建設現場で働く土方で、家にスコップやマサカリが置いてあって、それ持って現場に働きに行ってた。

日当安かったのかな。生まれた時からずっと生活保護。ただ、同じ長屋に生活保護も多かったから、それが当たり前だと思ってた。

ただ、稼ぎ過ぎた月があって、3万円とか役場の人に持ってかれる時のオフクロの顔は忘れられないね。悔しさと怒りで唇噛んで、顔が真っ赤になってたけど、いつもはおカネをもらってる身だから、文句も言えない。

オイラはまだ小学校の2、3年だったかな。その時ばかりはビンボーの厳しさを子供

父・渡邉達次と母・静枝。オイラを健康な体に産んで、育ててくれた両親に感謝

心に感じたね。

「家の中にトイレがなくて、寒い時期なんて、トイレに行く前にモラしたりしてた。オフクロもモラしたことある」

トイレなんて、家の中にないわけ。家を出て、たとえ夜中でも、10mくらい歩かなきゃいけないの。

北海道でしょ。外に出たらそれは冬なんか寒いよ。トイレに着くまでについモラしちゃうなんてちょくちょくあった。

しかも家のカギが五寸釘に針金まいたやつ。その針金が、ときどきうまくハズせなくて、なかなか家を出られずにモラしたり。オフクロもカギを開けられずに、家の中でモラしちゃったことあったな。

オヤジにムチャクチャ怒られてたね（笑）。オイラも、「今度引っ越すなら、せめてトイレが家の中にある家に行きたい」と思った。寒いだけじゃない。深夜に外でるのは、やっぱりおっかないでしょ。

「生活保護は冷蔵庫が禁止。だからおいしいプリンが作れない」

今はどうかわからないけど、昔は生活保護の家族は冷蔵庫を持つのは「贅沢」だからと禁止されてた。あと、確か、車とかもダメ。テレビと洗濯機くらいは大丈夫だった気もするけど、ウチは持ってなかった。

子供のころ、自分で手づくりプリン袋をスーパーで買ってきたことがある。プリン、食べたかったのよ。コップに粉を入れて水でかき混ぜて、最後に冷蔵庫で冷やせばできあがりって書いてあった。

ところが冷蔵庫がない。しょうがないんで、水道の水でドロドロになったプリンをそのまま飲んだら、ぜんぜんおいしくなかった。きっと冷えたらおいしいプリンになるんだろうな、と想像するしかなかった。あれは辛かった思い出（笑）。

冬場は、あたり一面、雪や氷だらけになるから、あまった野菜や食べ物をそこらに埋めても、ぜんぜん腐らない。でも、夏は氷なんて食べられない。製氷なんてできないし。ときたまアイスキャンディー売りのオジサンが自転車で来て、それをオフクロに1本買ってもらうのが、「最高の夏の思い出」だった。

「半年に1回、市役所で生活保護の家族が集まって、支援物資のつかみ取り大会があった」

半年に1回、滝川市役所の入り口で「つかみ取り」があった。生活保護の家族の人達が何十人も待ってるところに、市民の寄付で集まった古着やカバンや靴、オモチャ、ぬいぐるみ、ゲームとかいろいろなものがテーブルの上に広げられる。

それで、「はい!」と合図があって、みんな一斉に取りに行く。オイラは母親と2人で行った。紙袋に、欲しかったオモチャやゲームを思いっきり詰めて持って帰っていく。

ひとにその話をすると「ミジメな気持ちにならない?」なんて言われるけど、あんまり感じなかった。それよりも、欲しかったオモチャがタダで手に入る喜びの方が大きかった。前もって、欲しいものを決めておいて、誰よりも早く取るのもスリル満点だったし、それに、雰囲気としてはスーパーの大安売りなんかとあんまり変わらないし。

「明かりは裸電球ひとつ。豆電球が付いた時は、嬉しくてカチャカチャひもを引っ張った」

そんなに暗い家族ではなかったよ。オイラも、お金持ちの家がどんなものかはあんまりよく知らなかったし、みんな、自分と同じような生活をしていると思ってた。

オヤジも、家で暴れたりとか、そういうのは一切なかった。兵隊に行った時、服のポケットにお守り入れてたら、敵の銃弾がそのお守りに当たって死なずにすんだ、ってよく言ってたな。

忘れられないのは運動会の思い出だ。ある年の運動会の徒競走で、オイラはビリだったのよ。そしたらオヤジに翌日から早く起こされて、オヤジが自転車で先導して、オイラはその後を走らされた。キツかったけど、その代わりに走ったご褒美にアンドーナツと生玉子を食べさしてもくれた。練習のおかげで、次の年には3位になって、オイラもオヤジも一緒に喜んだな。いいオヤジだったよ。

しいて家に起きた「不幸」といえば、オフクロが、オイラの前の子供を流産してしまったことくらいかな。女のコだったらしい。だからオイラは一人っ子として育てられても、いつも天国に「お姉ちゃん」がいるのは意識していた。それで女の人にはやさしい。優しすぎて、女房と結婚した後も、つい別の女性と深みにはまっちゃったりもする（笑）。

ただ、家の明かりは裸電球だけで暗かった。まだ小学校にあがる前かな、オヤジが豆電球を買って付けてくれて、うれしくて、オヤジにだっこされながら、カチャカチャひもを引っ張って、豆電球をつけたり消したりしたのは覚えてる。

「テレビは、オヤジの友達の家で見させてもらったり。でもマンガが見たりは絶対にできなかった」

もちろんラジオもないんだから、テレビなんてあるわけない。見たかったら、人の家に行って見せてもらうしかない。

よく行ったのがオヤジの知りあいの家。誰よりも一番前に陣取ったのはいいけど、チャンネルの選択権なんてあるわけない。それで大人が見てる相撲やニュースに付き合わされるだけなの。それでたまに誰かがチャンネル変えると、一瞬、見たかったマンガが映ったりするでしょ。そこでつい身を乗り出したりしても、結局は相撲やニュースに逆戻り。仕方なく、あんまり見たくもない相撲やニュースを見ている自分がいた。

いつもいつも大人の都合で、見たくない大相撲を見るしかなかったために、自分が大人になってもあんまり相撲は好きじゃなかった。昔の恨みが残ってるのかもしれない。

「大人になったらバキュームカーの運転手になるのが夢だった」

みんなよく、子供のころはプロ野球の選手になるとかサッカー選手になるのが夢っていうでしょ。オイラはあんまり、そんな夢はなかった。だいたいスポーツ自体にそんなに興味なかったんだな。

それよりも、できればなりたかったのが「バキュームカーの運転手」。

ウチあたりは、ドボドボッとウンコしたら、ハネッ帰りというか「おつり」が来るような、昔のポットントイレ。それで月1回の割合でバキュームカーが来てくみ取っていく。それで誰かから、ポットントイレには、よく使っている人間が小銭落とすんで、バキュームカーで一回りしたら、ウンコの中からバケツ一杯くらいのジャラ銭が取れるって聞いた。

羨ましかった。バケツ一杯のジャラ銭て。そんな濡れ手に粟みたいな仕事があるんだ、ってずっと憧れてた。

「小学4年で、12回払いで自転車買ってもらって、ずっと『分割払いかよ』と自転車屋にバカにされてた」

北海道あたりだと、子供だって自転車に乗って移動するのが当たり前だった。10歳くらいになれば、みんな持ってた。もちろんオイラも欲しかった。でもオイラんとこは家もビンボーで自転車どころじゃない。

オヤジもそれを不憫に思ったのかもしれない。無理して買ってくれたのよ。

今思えば、ウチはビンボーなんだし、安い自転車で良かったの。でもオイラはつい、5段階切り替えのサイクリングの、カッコいい自転車を選んでしまった。オヤジもオフクロも、「もっと安いのでいいだろ」とは言わなかった。今になってみれば、親としては子供が欲しい自転車を買ってあげたくて無理してたんだろうな。自分が親になってみると、その気持ちがよくわかる。すごく高級な自転車を文句も言わずに買ってくれた親には感謝するしかないよね。

ところが一括払いなんてとてもできなくて、毎月2千円の12回払いにしてもらったわけ。

それでオイラが毎月、その自転車屋にカネ払いに行くでしょ、そのたんびに自転車屋は、

「たかが2万円ちょっとのものを、2千円の分割で買うヤツなんていないよ」

って、バカにしたように言ってくる。これ、つらかった。でも、せっかくギリギリで買ってくれたオヤジにこんなこと言えないでしょ。カネをもってない人間は、こういうふうにバカにされるのか、とちょっと世の中の仕組みがわかった気がした。

「オフクロは料理がヘタ。でもナスビのマーガリンいためはうまかった」

オフクロは、正直、料理はヘタだった。一度、クラスの友達の家で味噌汁飲ましてもらったら、ビックリするくらいうまかった。つまりそれだけ、いつも母親が作ってた味噌汁がおいしくなかったんだよ。しかも出不精。小さいころから、オイラが近くのスー

パーに買い物に行かされて、コロッケ買ってきて晩のおかずはそれだけ、とかね。

ただ、ナスビのマーガリンいためだけは妙にうまかった。ナスビを輪切りにして、醤油をかけて、マーガリンを乗せて炒めた簡単な料理なのに、子供心に「おいしいな」と強烈に記憶に残ってる。

最近ときどき、そんなオフクロを、おいしい料理が出る温泉旅館に連れて行ってあげたかったたな、なんて思ったりもする。喜んでくれるだろうしね。生きてる間にやっときゃよかった。親孝行したい時に親はなし、ってことわざはよくわかるよ。

「北海道に住んでて、ケガ人は見たことあっても、毛ガニは食ったことはない」

北海道を出て、ほかの土地に行くと、みんな「北海道の人間はこうだろう」って勘違いしてる、一番の勘違いは、「北海道の人間なら、いつも新鮮なシャケとかイクラを食べてて、毛ガニなんかも普通に食べてるんだろう」ってところ。

オイラの子供、雄太と愛香に囲まれた晩年のオフクロ。15年前に86で亡くなった

普通に考えてそんなわけない。漁師やってるならともかく、ウチみたいなビンボーな家が、そんなカネのかかる海産物をしょっちゅう食べてるわけない。毛ガニなんてロクに見たこともない。

寒さに弱いのも北海道人の特徴。名古屋の寮に住んでいたころ、冬、ストーブなくて、コタツだけだったんで「寒い」「寒い」って弱音吐いてたら、まわりに「北海道のくせに」って笑われた。でも、北海道は窓も二重で、どんなビンボーな家でも、燃料の石炭とかはいっぱい使うから、家の中はあったかいのよ。

「半年に1度、家族3人で滝川駅前の名店ビルで松尾のジンギスカン喰うのが最高の贅沢だった」

子供時代の最大の贅沢っていえば、松尾のジンギスカンかな。味はあんまり覚えてない。子供にとって、ジンギスカンて、そんなに食べたいものじゃないでしょ。それよりカレーライスやラーメンのほうがよかったりする。たぶん親が喰いたかったんだろう。

ビンボーで貯金もなくて、生活保護で、日々、カツカツのところでやっているオヤジやオフクロが、せめてささやかに味わえる贅沢がこれだったんだろう。

中学になって、3カ月に1回くらい、トンカツを食べに行くようにもなった。一人前400円だったかな。こっちはもう、この世のものじゃないくらいウマかった。その後の人生でも、あんなにウマいものを喰った記憶がない。

「滝川の名店ビルでエスカレーターに初めて乗った。エスカレーターのすき間に買ったばっかりの長靴をはさんで壊しても、オヤジはあんまり怒らなかった」

滝川の名店ビルが、オイラにとっての、もっとも最初に体験した「都会」かもしれない。エスカレーターを初めて見たのも名店ビルだった。こんな便利なものが世の中にあるんだ、と驚くやら楽しいやらで、何度も上がっては下り、上がっては下りた。

それだけじゃ物足りなくなって、せっかく履いていた、買ってもらったばかりの長靴をわざとエスカレーターのすき間に挟んで遊んでいたら、長靴に穴が開いて、もうオジャンになっちゃった。

オヤジとしては、せっかくカネの余裕もない中で買った長靴を壊しやがって、という気持ち以上に、もし足の指がちぎれたりしたらどうすんだ、っていうのがあったのかもしれない。

だから、そうならなくてホッとしたのか、あんまり怒られた記憶がない。

オイラ、昔から、珍しいものを見ると、ついいろいろやりたくなる性格なんだ。

「牛乳配達は10日しかもたなかった。根性ないから」

出来の悪い子供だったな。勉強はほぼ5段階評価でオール1。体育だけ3。根性がなくて、成績を上げようって意欲もなかった。

家もビンボーだし、アルバイトくらいはやらなきゃ、と牛乳配達を始めたりもした。ぜんぜん続かない。朝寝坊はするし、配達する家も覚えられない。「まだ牛乳が来てない」って抗議の電話も牛乳屋に来る。

こんなんじゃダメだ、と行くのやめたら、オフクロの方が察して、「休ませてください」って牛乳屋の方に言いに行ってくれた。結局、続いたのはたった10日。

今考えても「クズ」。いいとこひとつもない。こんな人間が、よく生きていけたな、と改めて驚いちゃうくらい。

「オヤジは、オイラが14の時に脳溢血で倒れて、オイラは施設に入るか、親戚に預けられるかのどちらかになった」

ビンボーながら、どうにか家族3人でやってきたのだけど、オイラが14の年に突然、オヤジが脳溢血で倒れて、もうにっちもさっちもいかなくなった。

オフクロはオヤジに付き添うとして、オイラの面倒を見てくれる人はいなくなる。それで施設に入るか、親戚の世話になるか、となって、面倒を見てくれたのが神戸にいたオヤジの弟、つまりオジサンだ。名前は渡邊人一。

オジサンは、ある大手製鉄会社の下請け会社の社長をやっていて、景気もまずまずだった。じゃあなぜ兄貴が生活保護なのか、そこのところはよくわからなかったが、頼れるのはオジサンしかいなかった。オジサンの会社の寮が名古屋にあって、そこで中学を出るまで暮らした。

「夢なんてなかった。ただ、いろんな職を転々とするだけだった」

中学を出てから、27まで、ずっと神戸にいた。

最初はレンガ職人で、花壇作ったり、新築の家の門作ったりするのの手伝いもやってた。鉄の溶鉱炉の破損したところの修理なんかもやってたな。

でも、別にその道で親方になりたいとか、ぜんぜんなかった。だから飽きちゃう。かといって事務員ができるわけもない。

それでとうとう22の時にオジサンの会社を飛び出して、鉄筋を入れてコンクリートの柱を組む鉄筋屋をやってみたり、建設現場でとび職もやったりした。けど、みんな1年くらいでやめちゃう。どうしてもやりたい仕事じゃないから。ただ、自然の流れとして、肉体労働をやっていくしかなかった。

たまったうっ憤は車ではらしてた。中古のギャランGTOをローンで買って、国道2

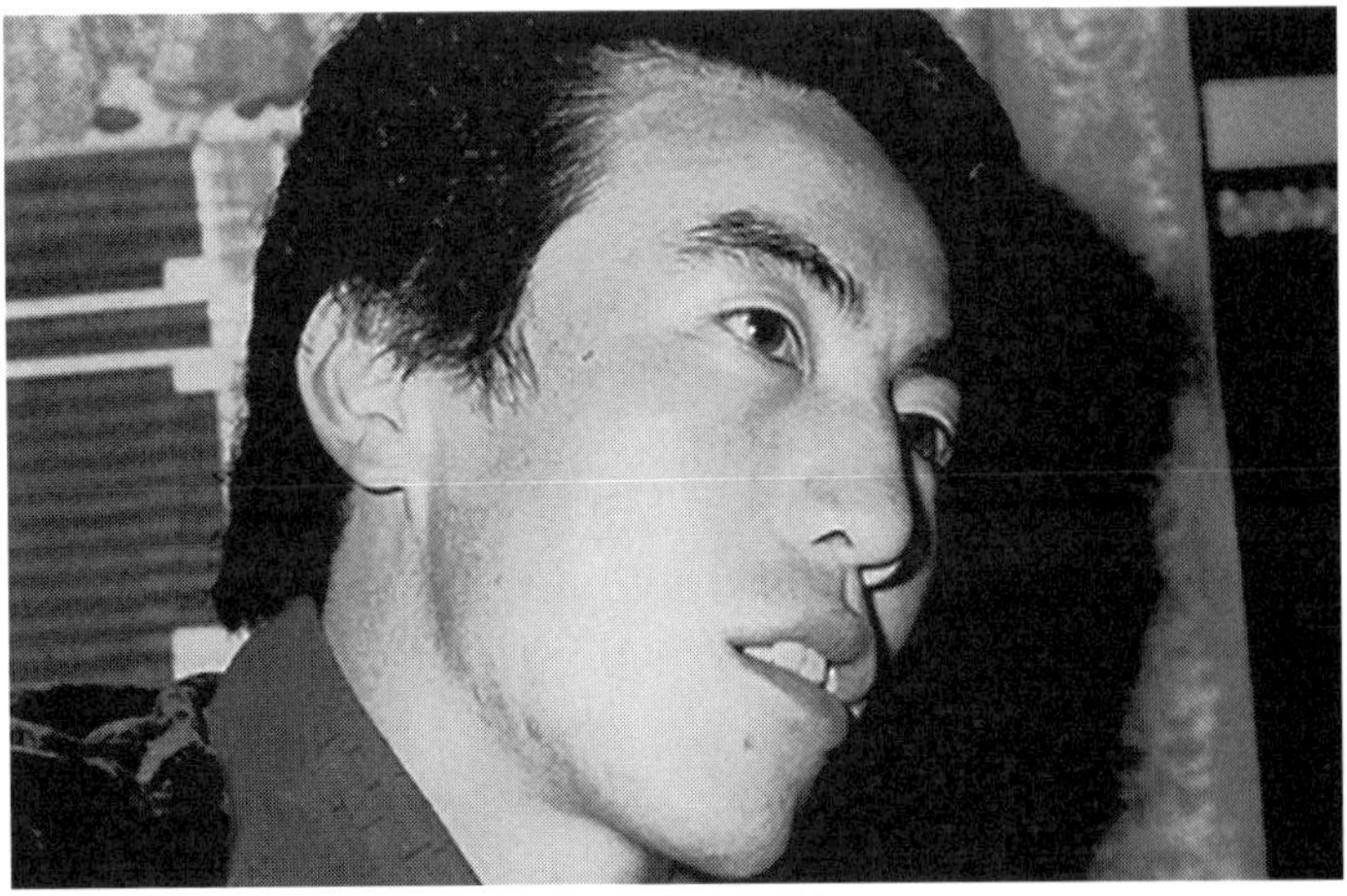
神戸時代。「なにか」になりたくて、悶々としていた

号線をぶっ飛ばす。暴走族みたいなもん。須磨海岸から三宮、六甲山と、2号線は景色もいいし、道が広くて飛ばしやすい。仲間も鉄骨屋やトラック運転手とかだった。

夢なんてなかったね。このままただ時間が過ぎて、年取っていく自分に悶々としてた。

「『なにか』になりたいけどなれなくて、ズルズル26まで来ちゃった。そんな時に『ひょうきん族』のオーディションがあったんだ」

神戸で、レンガ職人やったり、とび職やったり、いろいろやってた間も、毎日、仕事こなすだけで「夢」なんかなくてさ。友達に誘われて吉本の劇場見に行ったりしているうちに「お笑い芸人」やりたいなって。人の紹介で、Wヤングの平川さんのところに行ったけど、「もう弟子が10人もいるから」って断られた。だったら、同じ職人でも外国行って仕事すれば何か変わるかも、ってイランにいく話に乗っかりそうになった。ところがちょうど向こうは戦争始まっててボツになった。

もう年も26。生きる目的もなくてモヤモヤしてたら、テレビの『オレたちひょうきん族』で、「さんまさんのそっくりさん募集」っていうのをやってるのを知ったんだ。

顔にクエスチョンマーク描いて写真送ったら「オーディションに来てくれ」って連絡あったのよ。たけしさんとさんまさんがやってた、男と女が恋のもつれで言い合いになるネタを一人二役でやったら、オーディションではけっこうウケた。

本番にも呼ばれた。ただそこではあんまりウケなくて、たけしさんに、セットの松明で叩かれそうになったけど。そこだけバカウケで、テレビでちゃんと放送はされた。

でも、とにかく出演できたのは「自信」になったよね。本気でプロの芸人になれるんじゃないか、と思うキッカケにはなったな。

「思いつめたら吉日、ってことでコタツと布団とテレビを車に積んで、7万円握って、お笑い芸人目指して東京に出て来た！」

「若さとバカさは紙一重」とは、うまいこと言ったもんだね。神戸では「お笑い芸人になりたい」と付き合ってた仲間たちにはいろいろ相談はしていた。東京に出ればなれるってアテもなければ、どうすればなれるのかもまったくわからない。

ただただ、東京に行きたい、行きさえすれば道は開ける、って勝手に思い込んでたんだな。持っていたのは前に中古で買ったローレル。それに、貯金は一銭もなかったのを2か月で8万くらい貯めて、ガソリン代払った残りの7万握って、突然、東京に出て来た。荷物はコタツと布団と14型テレビだけ。若さだよね。それにバカさだよね。

1984年の夏だった。京都で一度高速道路をおりて、ファミレスで食事をして、夏だったので銭湯にも入ったのは今でも覚えてる（笑）。

東京についたのが朝の4時で、もうだんだん暑くなってく。東京タワーの見えるところで、窓開けて寝た。冷房なんかつけたらガソリン喰っちゃうから。

さんざ蚊に喰われて目を覚まして、今みたいに車にはナビゲーターもなくて、職安に行く道がまったくわからない。ガソリンスタンドで職安に行く道を聞いて回った。それからタバコ屋でも聞いた。タバコ吸わないんで、いちいちガム買って、6個くらいになった（笑）。職安にさえ辿り着けば、住み込みの仕事が見つかるって信じてた。ガソリンを入れたら手元に4万5千円しか残ってない。これがオイラの全財産（笑）。たまらんぜ！

ようやくたどりついた職安で「鉄筋やとび職、レンガ職人が出来ます」って言ったら、職員さんに「そういう仕事は東京にはないから、神戸に帰ったら」って言われて、もう顔から血の気が引いたな。夢から現実に戻って、顔がこわばっちゃった。オイラ、東京に着けばどうにかなると、あまく考え過ぎてた。

まさかここで今さら神戸には帰れない。もう、その場で職員さんに土下座したもんね。「なんとかどこか紹介してください」って。

その必死の気持ちが伝わったんだろう。「じゃ、こちらで聞いてみたら」ってもらった紙には、川崎の職業安定所の住所が書いてあった。職業安定所のたらいまわし（笑）。

その川崎の職安に着いた時には、ガムが10個に増えてた（笑）。ちょうど「阿部工業」ってレンガ屋さんがあって、レンガ職人の経験があれば住み込みの寮にすぐに入れることになって、その日のうちに住めた。アパート借りるカネなんてないし、むちゃくちゃラッキー。

「しょうもない出たがりで、3ヵ月の間に、2度も『笑っていいとも！』のシロート出演コーナーに出た」

東京に出て来たからには、何とかお笑いのウデを身に付けてテレビに出たかった。じゃなきゃ、出て来た甲斐がないと思い詰めてた。どこかの師匠の弟子になるとかも、お笑いの学校に行くとかも、ぜんぜん考えなかった。そもそもやり方がわからない。テレビに出る方法として真っ先に浮かんだのが『笑っていいとも！』だった。シロートが出られるコーナーがいくつもあって、朝、アルタの前に並んでオーデションを受けて合格すれば出演できる。オイラなら絶対に合格できる、って妙な自信があった。

カトちゃんみたいに、ハゲヅラかぶって、へんなメガネかけて、鼻に耳かき突っ込んでオーディションに出たら、見事に出演ＯＫ。

これで味しめたんだろうね。3カ月もたたないうちに、職場の面白い人を推薦するコーナーに阿部工業の同僚と出たの。その同僚2人は、オイラの紹介者で、

「ウチの会社にはなべさんて、面白い人がいます」

とあらかじめフッた後に、オイラはバニーガールのカッコして出た。足のところにキスマークつけたりしてね。タモリさんに「なんだ、このキスマークは！」ってツッコまれた（笑）。

ちなみに、オイラはプロの芸人になってからも、「顔そっくりさんコンテスト」に「志村けんのそっくりさん」で出演してる。当然、朝、アルタにも並んだし、シロートの人たちに混ざってオーディションも受けた。ナイツの塙ちゃんとかには、

「プロの芸人としてのプライドがないんですか！」

なんてイジられたけど、オイラ、テレビに出たいんだよ。そのためにはプライドなんて関係ないの。

第三章

フランス座は楽しかった！カネにはならないが、毎日愉快で、たまらんぜ！

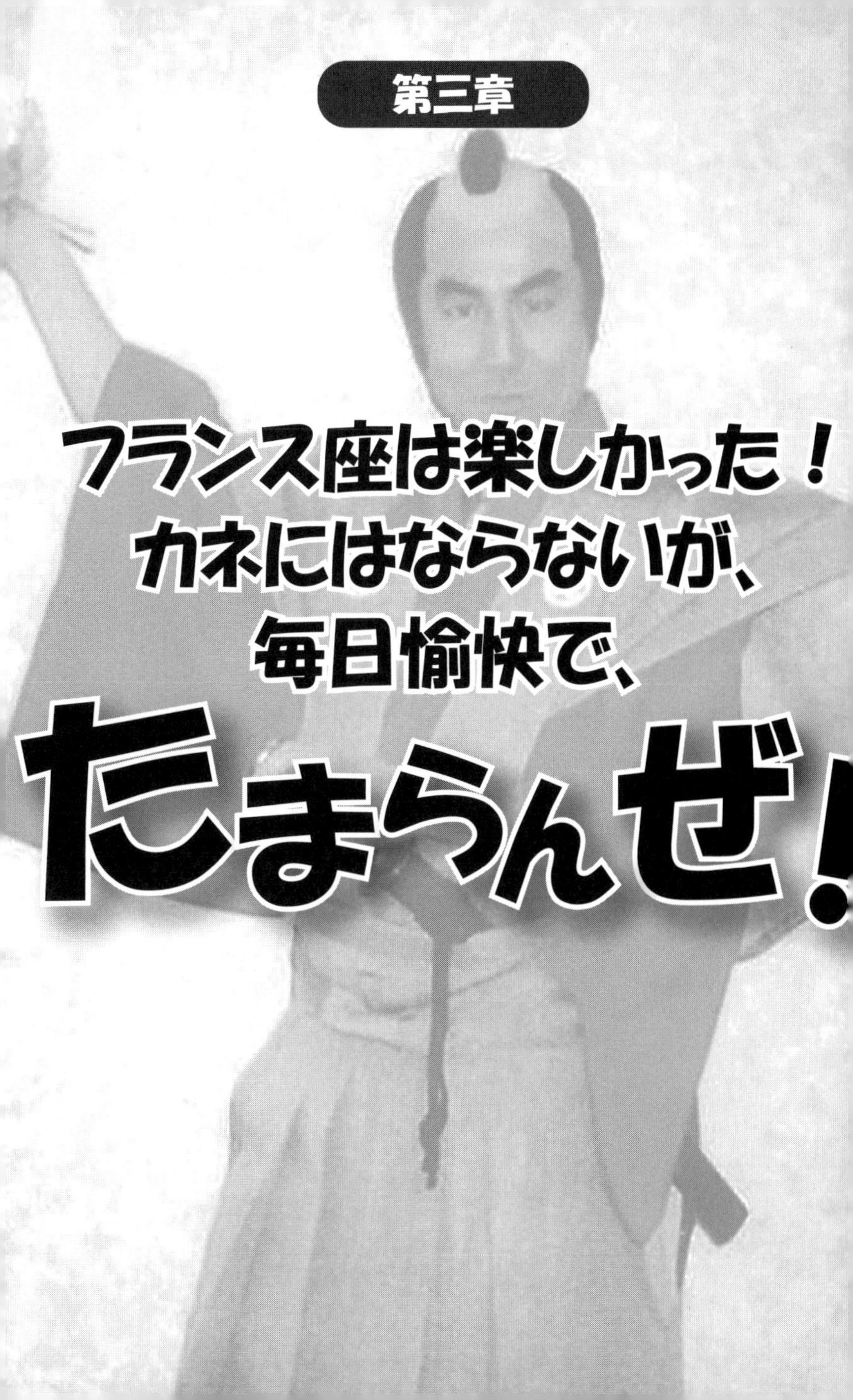

「フランス座に初めて行った時は、テケツのおばちゃんに『山口君と竹田君、います？』って聞いたら、一言、『いないよ』」

何か夢中になっている時は、カネがないことなんか、全く気にしなかったりする。それがオイラの場合、フランス座の修業時代だな。同じころにいた浅草キッドの水道橋博士ちゃんも、後に同じこと言ってた。

でも、どうしても最初からフランス座に入りたいってわけでもなかった。

今は漫才協会にいる「コント山口君と竹田君」が、オイラが上京してきた当時はすさまじい人気でね。『お笑いスター誕生！』じゃ、満点連発して10週勝ち抜いちゃうし、テレビでは自分たちの番組もつし、輝いてた。

お笑い芸人を目指すならオイラもああなりたいな、と思ってたら、その山口君と竹田君は、もともとストリップ劇場で修業してた、ってどこかで聞いたんだな。それで、「あ、

第三章　フランス座は楽しかった！
カネにはならないが、毎日愉快で、たまらんぜ！

ストリップ劇場なら浅草だろう」って、行ってみることにした。

１９８４年の10月の昼間。休日で、浅草の六区は場外馬券場のあたりだけは賑わって、あとはもう人通りも少なかったな。

さっそくフランス座で、テケツ（チケット売り場）のオバサンに聞いたの。

「山口君と竹田君、います？」

そしたら、あっさり「いないよ」と返って来た。今振り返ると、なんてバカなんだと思うよ。ちょっと調べれば山竹さんのお２人がフランス座に出てないなんてすぐわかる。しょうがないんで帰ろうとしたところを、そのテケツのオバサンが、

「だけど、昔は欽ちゃんや、ツービートがいたとこだよ」

「えーっ！」ってビックリした。オイラはお笑いを目指してるくせに、あんまりお笑い芸人の名前は知らなかった。そんなオイラでも欽ちゃんやツービートは知ってたからね。

「ここでお笑いの修業をしたい」

すぐに思った。

「フランス座のすぐ横の公衆電話で『入れて下さい』って電話した」

上京の時と同じで、オイラは思い立つと早いからね。

そのテケツのオバサンにフランス座の事務所の電話番号聞いて、すぐ横にあった緑の公衆電話で、電話したの。そしたら、支配人だっていう人が出てきて、いろいろ話をした。どうしてもお笑い芸人になりたくて、神戸から出てきちゃった話とか。

それで「年はいくつだ?」と聞かれて、「27です」て答えたら、支配人、

「そりゃ無理だ。年いき過ぎてる」

電話切られそうになって、こっちも慌てちゃってさ。

「実は、今、すぐそばにいるんです。下の公衆電話です」

必死だったよ。ここで諦めるわけにはいかないって。すると支配人、

「しょうがねぇな。そんなとこまで来てんの。じゃ、上がっといでよ」

運命なのかもしれない。もしすぐ下の公衆電話じゃなくて、別のところから電話してたら、「いいよ、来なくて」であっさり終わりだったのかも。後で、オイラも、27から始めるなんて、滅多にないくらい無謀なのを知ったくらい。

若さとバカさが、道を切り開いてくれたんだな。

「フランス座の支配人兼コメディアンだった岡山さんは、なんとストリップ劇場をはとバスコースにしたアイデアマンだ」

さっそく4階の事務所に上がって支配人の面接を受けた。あのころ、フランス座の事務所は、今の東洋館の売店のところ。階段上がってすぐにあった。

またその支配人て人がスゴい方でさ。岡山良男さん。伝説の師匠・深見千三郎さんに教わってて、ビートたけしさんの相方もつとめたコメディアンで、当時は、フランス座の経営もやってた。ストリップ劇場をはとバスのコースに入れて、団体客をドカドカ呼んで来るみたいなアイデアマンでもあった。

「勉強させてほしい」

素直に言ったら、岡山さんは、

「勉強するのは構わないが、今は雇う余裕はない」

でも、そこで諦めるわけにはいかないからね、「雇っていただかなくてもいいんで、稽古だけでもさせて下さい」と頭を下げたの。オイラとしては、もうここが頼みの綱。他になんのあてもない。

岡山さんによると、ストリップは9時に終わって、その後、舞台はあいてるみたいだったんで、

「だったら9時以降に稽古だけでもさせてください」

ムチャクチャだよね。初めて来て、いきなりフランス座の舞台で稽古させてほしい、なんて。もしオイラが岡山さんなら、「バカ言ってんじゃないよ!」ってあっさり突っ返すよ。

けど、岡山さんはやさしかった。

「そこまで思い詰めてんなら、やってみな」

たぶんオイラの必死さが伝わったんだろう。嬉しかった。人間、本気で立ち向かえば、

どうにかなるもんだな。

「3回通ったら、泊まっていいって言われて、フランス座入って4日目に舞台にあげられた」

一生懸命、自分でコント台本書いたね。『応援団』ていうネタ。先輩と後輩の上下関係をチャカすの。後輩が「挨拶が遅れてすいません」て謝りながら、先輩の足を踏んづけてたりとか。

それ持って、川崎の阿部工業の寮から車で浅草まで通った。午後9時の終演よりちょっと前に着くようにね。後に曲独楽で知られるようになった三増紋之助さんが、そのころはフランス座でコントの修業してて、あと、踊り子さんじゃなくてコント要員で入ってたアサミちゃんて女のコもいて、この人達が稽古にも付き合ってくれた。

最初は、お願いして、台本見ながらの稽古をはじめて、確か3回くらい通いで稽古したあたりかな、紋之助さんが声かけてくれた。

「岡山さんがね、楽屋に泊まってっていいよ、ってさ」

要するに、フランス座にいていい、って認めてくれたんだな。嬉しいよりホッとしたね。ようやくこれでお笑いの修業が出来て、「お笑い芸人」になるための第一歩が踏み出せるんだから。

よし！　やるぞ！　と、1週間のうちに阿部工業をやめさせてもらって、フランス座に住み込みで入った。

ところが、入ってたった4日で、「お前、舞台上がれ」だからビックリしたね。なんだ、そんなコメディアンいないのか、と思ったよ。

「たけしさんがいたところ、ってことでフランス座はお笑い志望のヤツがいっぱい来たが、だいたい1カ月ももたない。長くて1週間がせいぜい。3日でいなくなったヤツもいる」

落ち着いて、まわりを見回してみると、オイラが入った時も、コメディアンていったら、あとは紋之助さんとアサミちゃんだけなんだよ。踊り子さんは、10日交替で7人ずついたわけだけど。

入ってくる人間はたくさんいるの。もう当時もたけしさんはトップスターだったし、あのたけしのいたところ、って次々に志望者はやってくる。でも、続かないんだ。

とにかくやらされる「雑用」が多すぎる。毎日の場内や楽屋の掃除でしょ、踊り子さんの衣装運びやお客さんの呼び込みでしょ、エレベーター係でしょ、それに照明はアキラさんて人はいたけど、その助手もやらされたりする。もう朝の10時から舞台がハネる夜の9時まで、ずっと用事があって、その合間に舞台に立ってコントもやる。これがほぼ年内無休だから。

しかも、はとバスの団体客が来た時以外は、150席ある客席にせいぜいお客は20～30人。外も、かつては日本一の盛り場だった浅草六区も、閑散としてて人が歩いてない。また、その外に出てお客さんの呼び込みをやるのも恥ずかしい。オイラでさえ、道行く人とはあんまり目をあわさないようにしてた。

たぶん、もっと華やかな芸能界みたいのをイメージして来たのかね。自分たちが思ってたのとあまりに違うし、あまりに地味で、しかも雑用に追いまくられるんで、みんなやめちゃう。1カ月もたない。3日でやめちゃったヤツもいた。それで慢性的に雑用もやる若手コメディアン不足だったんだろうな。

オイラはそうじゃなかった。面白いネタを作るのに夢中だったし、ぜんぜん辛くはなかった。

「岡山さんは、たけしさんのフランス座の先輩で、オイラの半年後輩が浅草キッド」

コメディアン不足解消のために岡山さんが頼ったのがたけしさん。

岡山さんはフランス座ではたけしさんの先輩に当たる。それで、よくオイラにもフランス座時代のたけしさんの話をしてくれた。

たけしさん、来たばっかりのころは、ろくに話もできなくて、舞台上でアドリブふっても全然返ってこなかった。それが3カ月で返ってくるようになって、半年であっさり超えられたって。一度は「コンビ組まない？」とたけしさんに誘われて、それ断ったら、

第三章　フランス座は楽しかった！
カネにはならないが、毎日愉快で、たまらんぜ！

フランス座で修業していた頃。呼び込みはさすがに恥ずかしかった

きよしさんと組んでツービートとして力をつけていったらしい。

「それでもさ、最初はツービートもあんまりウケなくて、あんなにビッグになるなんて、想像もできなかった」

スターになってからのたけしさんに対しては、屈折した思いもあった、って正直に言ってくれた。あんまりたけしさんがしょっちゅうテレビに出てくるんで、悔しくてチャンネルかえると、今度は、コマーシャルにまで出てくる。

「それでオレは、テレビ消して、泣きながらふて寝したよ」

悔しかったんだろうね。ただ、たけしさんが売れた後も付き合いは続いて、岡山さんは、たけしさんに、

「人が足んないんだよ。そっちにいいのいないか?」

連絡すると、たけしさんは弟子の中から何人か見繕ってフランス座に送り込んでくれる。

それでオイラの半年後に来たのが浅草キッドの2人。その前にもたけしさんの弟子では大阪百万円さんもいたな。キッドの時も、最初は5人だったのが3人はやめちゃって、残ったあの2人でコンビ組んだ。

第三章　フランス座は楽しかった！カネにはならないが、毎日愉快で、たまらんぜ！

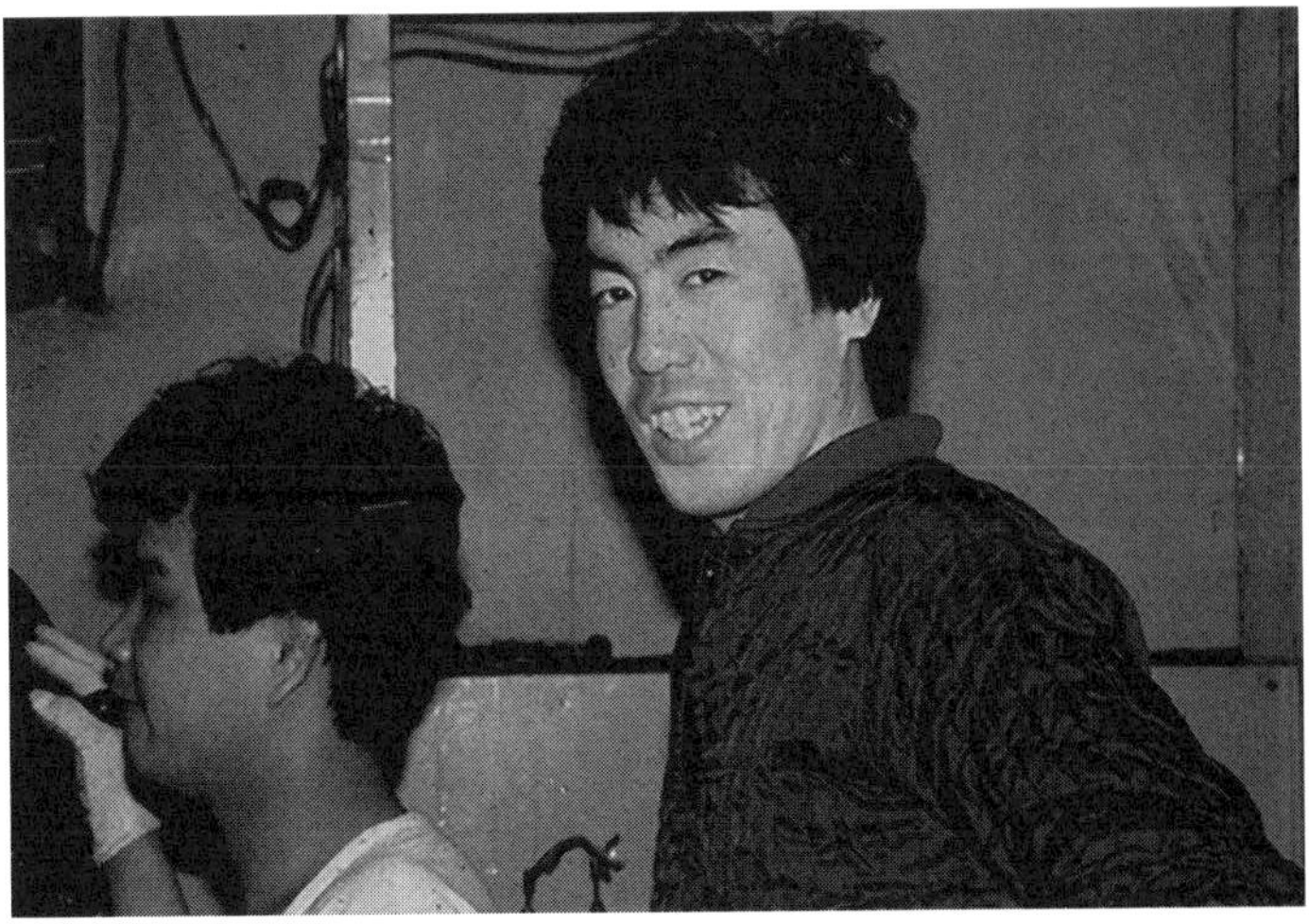

フランス座では照明室に入って、照明の手伝いもやる

オイラがフランス座にいたのは1年8カ月くらいだったのが、キッドの2人も2年くらいいたと思う。

オイラと水道橋博士ちゃんなんか、岡山さんとたけしさんと一緒。最初はシロートだったのが、気が付いたらもう抜かれてた。

オイラがやめた後、フランス座で浅草キッドのコント見たら、「プロレス・コント」なんてやってた。「これが師匠だ！」って、大工道具のハンマーを置いて、2人がそのハンマー相手にペコペコするわけ。フランス座のお客さんはあんまり笑わなかったけど、オイラにはまったく浮かばない凄い発想で、そのコントを見た時、「こりゃ勝てない」と思ったね。やたらと新鮮なネタで、

「とてもこのセンスにはかなわない」と脱帽だった。

「『便利屋』とか、フランス座の定番コントは、その後も繰り返し使った」

振り返れば、オイラにとってもフランス座が「お笑いの学校」だったんだな。

まず踊り子さんが15分から20分ずつ3人踊って、芸人のコントが15分挟まって、あとまた4人の踊り子さんが踊る。それが朝10時から夜9時まで4クール続く。休憩もなし。だからコメディアンとしての出番も1日4回。

フランス座っていうか、浅草のコントの定番ネタもいくつかあって、それが出来れば、まあ一人前って顔も出来た。

たとえば『便利屋』とか。カップルが、Hな映画を見た後、公園で、「ここでHしようよ」「いやよ」なんてやってる。そこで女の方が「洋服汚れるから」なんて言うと、便利屋が出てきて「ゴザはいかがです」とか「ティッシュペーパーのご用はありませんか」とか、売り込む。さらに女が「子供出来るから困るわ」って言うと「コンドームはいかがですか」って、次々に便利なものを持って現れる。あげくに女のコが呆れて逃げちゃったら、便利屋が、「女はいかがですか」って売りに来て、男が「じゃ、買おう」となると、便利屋自身が女装して出てきて、男が「オカマかよ」って驚くと、便利屋が「お構いなく」でおとす。

この『便利屋』なんかは、便利屋と男の掛け合いのうまいヘタが露骨に出る。便利屋がどのタイミングで顔を出すかで笑いの量が全然違ってくる。それに一度コツを飲み込んだら、女が「寒いわ」って言ったら、「これはどうですか?」とわざわざ火鉢出してくるとか、いくらでも遊びの要素を入れられる。そういうところも、みんな岡山さんが教えてくれた。

ホントに「勉強」になるのよ。

フランス座を離れた後でも、何度も繰り返しやった。

「楽屋には、あのコント55号の師匠・阿部昇二さんまで来てた」

最初はぜんぜんわからなかったけど、いれば自然にフランス座の「歴史」もわかってくる。

あの「寅さん」の渥美清さんも、コント55号もツービートも、みんなフランス座出身てそれだけでもスゴいよね。他にも関敬六さんや東八郎さんや、もう日本のお笑い史に残るような人たちがいっぱい出てる。

現に岡山さんが、そのツービートと同時代を生きた人だからね。

オイラがいたころにも「生きる伝説」みたいな先輩がヒョコっと顔出して舞台に立ったりする。たとえば阿部昇二さん。岡山さんがわざわざ呼んで、日給払って出てもらったりしてた。

コント55号がフランス座にいたころに、座長格で出てた人で、2人にコントの手ほどきをしたほどの人だ。２人が『机』ってコントで、先生を二郎さん、生徒を欽ちゃんでやってたのがあんまりウケなかった時、「役を逆にすれば」ってアドバイスもしてる。それから55号はバカウケしたらしい。その恩返しもあって、55号は阿部さんをけっこうテレビ番組や映画にも呼んでる。

背も低くて、普段はヨロヨロしてて、「弱っちいおじいちゃん」みたいなのに、舞台に上がれば、動きも鮮やかで、『便利屋』なんか、コマネズミみたいでピッタリだったよね。

ああいうのが「年輪」なんだろうな、と感心した。

「フランス座の楽屋に1年住んでた。部屋は布団部屋。泊まってく踊り子さんもいて、もちろん手を出した」

ビンボーだったよ。

踊り子さんの給料が1日6～7千円としたらオイラは1日1500円。10日単位の興行で、中入りの5日目と千秋楽には、踊り子さん1人から500円ずつ、7人だから合わせて3500円もらえるルールが出来てたものの、月にすると5~6万円くらい。

でも、ぜんぜん苦しいとは感じなかった。だいたい休日が一切なしで、カネをつかうヒマがなかった。住んでるのも楽屋の布団部屋で家賃なかったし。1985年8月に起きた日航機墜落のニュースもフランス座の楽屋で見てたね。

パチンコもやらないし、楽屋で花札やポーカーなんかもやらなかった。ずっと日記書いたりネタ書いたりしてた。その点は真面目なもんだった。

先輩の芸人さん達に聞くと、すぐ近くにあった松竹演芸場なんかでは、楽屋では毎日花札の御開帳だったって聞くし、ヒロポンやハイミナールは普通だった話も聞くけど、もうそんな時代でもなかったしね。そもそもオイラが浅草に来る1年前くらいには松竹演芸場もなくなってて、跡地にロックスビルを建ててる最中だった。

もっとも、踊り子さんがいつも出入りするようなところでしょ。さすがに、そっちは何もなかったとはいえない。ある日、ある踊り子さんが、浅草の近くのキャバレーで仕事をした後で、もう電車もないから泊めてよって来たの。じゃあって楽屋で一緒に飲んで、その勢いで、布団部屋で一緒に寝たら、やっぱり関係ができちゃった（笑）。

それですぐバレた。

岡山さんには当然怒られた。

「1度は勘弁してやる。2度やったら許さん」

「すいません。もうしません」

謝っちゃったが、実はバレないように、またヤッた。無理だよ、あんな中で、20代のギンギンの若者が何もしないってのは。


「フランス座の踊り子はオバちゃんが多く、そばにあるロック座は若いコやAV嬢が出てたりする。母親がフランス座に出てて、娘はロック座、なんて母娘もいた」


同じ浅草のストリップ劇場でも、フランス座とロック座はぜんぜん違ってたね。

実はオイラは、フランス座を出た後、一時期、ロック座に出てたりもしたの。やってたネタは『便利屋』だったり、前に覚えたのそのままで、そんなに進歩なかったんだけどね。

とにかく、まず入場料が違う。フランス座が1500円としたら、ロック座は3000円。倍は取ってた。

出てくる踊り子も違う。フランス座は、正直言って、「オバチャン」が多いわけ。ただみんな、メイクはうまかったね。踊り子さん達は出番終わっても決してロビーの方には出て来なかったけど、もし出たとしても、化粧落としたら、たぶん誰だかわかんなかったと思う。

出演者がそうだから、お客さんもほぼ中高年のオジサン。何十年も同じ踊り子さんの追っかけやってるような人もいた。「渋茶のような味のある劇場」っていったら、ちょっとキレイ事になりすぎるかな。

一方のロック座はグッと踊り子も若返ってるし、AVの人気女優なんかも出てた。客層もだいぶ若返ってて、「華やかなショーを見せる劇場」って感じ。

何しろさ、母と娘がどっちもストリッパーで、母はフランス座に出てて、娘はロック座、なんてこともあったくらいだもん。

もっとも、コントやるんならフランス座のがやりがいがあった。フランス座には、ストリップも好きだがコントも好きなお客さんが確実にいたね。だから面白いコントをやればウケてくれるし、ツマラなければクスリとも笑わない。厳しくて、楽しい。ロック座のお客さんは、コントにはほぼ無関心だった。

「岡山さんがいなくなって、オイラはフランス座とは縁が切れたんだな」

フランス座の布団部屋に1年いて、それからすぐそばの第二松倉荘に移ったの。フランス座のオーナーの東洋興業が持ってて、たけしさんや、あの深見千三郎師匠が住んでたアパート。家賃は確か2万5千円くらいだった。

それから8カ月くらいかな、ずっとフランス座にいてもなかなか未来は開けないし、何か別のチャレンジがしたくて、出て行くことにした。

もっともなにやったかっていえば、出来たばかりの浅草ビューホテルの前にあったホストクラブでホストやってた。「お笑い芸人」としては、向上心足んないかな。

オイラがやめて1年くらいはフランス座の支配人は岡山さんがやってて、その間はオイラもちょくちょく顔は出してたの。だからこそ浅草キッドがコンビでコントやってたのも見てるわけ。

ところが、詳しい行きがかりは知らないが、岡山さんが支配人を降りて、ストリッパーの浅草駒太夫さんが中心で回すようになって、足が遠のいちゃった。オイラにとって、最初の「浅草の師匠」は岡山さんで、あの人が、「楽屋で寝泊まりしていいぞ」って言ってくれたところが、オイラの「お笑い芸人」としての原点だから。

フランス座にいた1年8カ月は、やたらと忙しいし、休みもなくてキツかったけど、ビンボーなんか気にならないくらい無我夢中で、毎日楽しくてしょうがなかった。

オイラは、「フランス座出身生」ってことには、今でも誇りを持ってるよ。

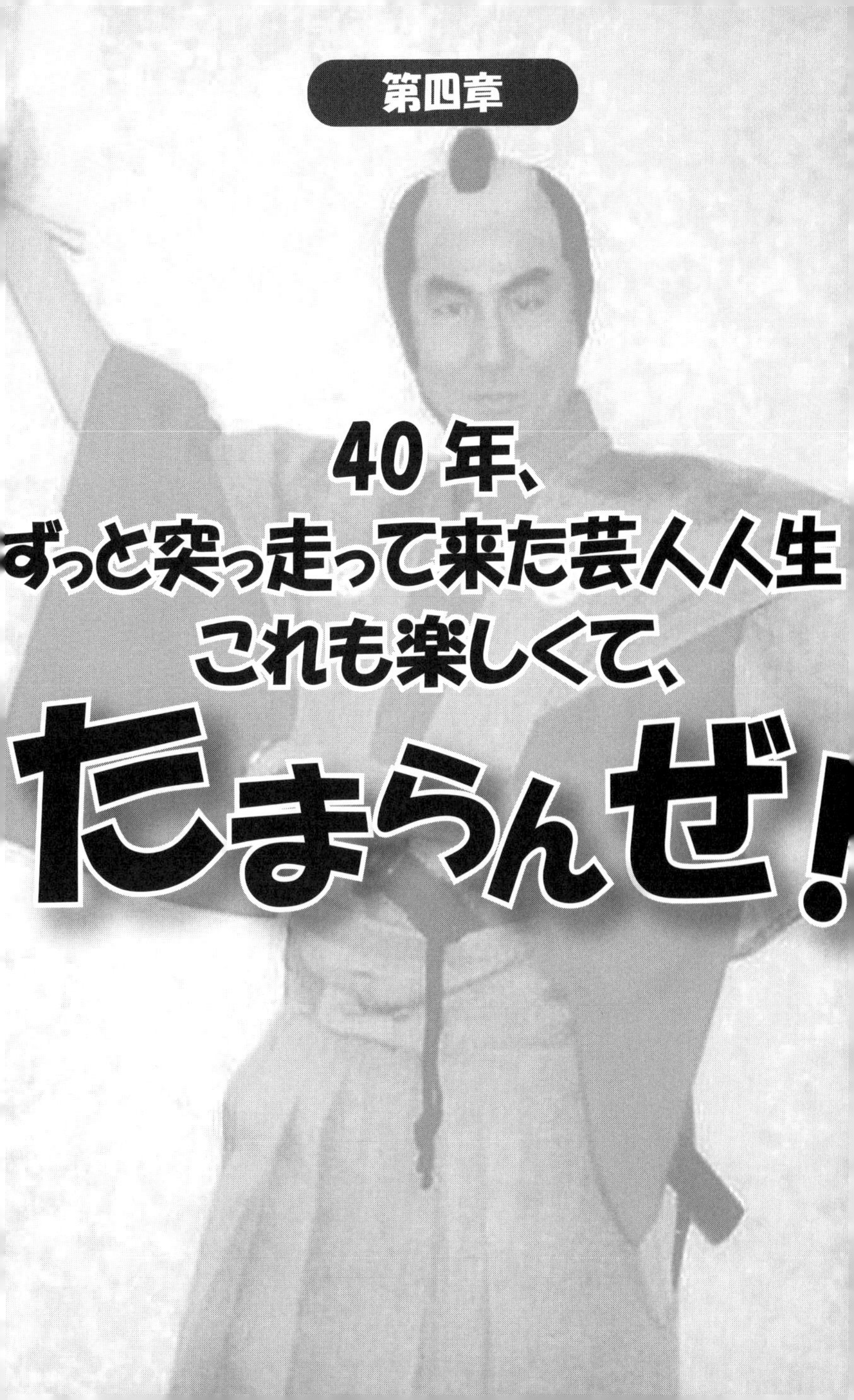

第四章

40年、ずっと突っ走って来た芸人人生 これも楽しくて、たまらんぜ！

「つぎはぎコンビで、『ザ・テレビ演芸』にも出た。司会の横山やすしさんに飲ませてもらったこともある」

フランス座を出て、まずやったのが、浅草のホストってのは、前にも言ったよね。「社会勉強」のつもりでいたけど、そうはもたなかった。結局、一番やりたいのはお笑い芸人なわけで、そのネタを集めたいだけなのに、そんな片手間でやれる仕事じゃなかったし。

それで池袋のカラオケパブの司会はじめて、これは夜7時から夜中まで働くと一日1万。15日やれば15万だからひとり暮らしなら、十分にやっていける。

もちろん本命のお笑いも、着々と進めてたよ。ライブで知り合ったマサカリほのうって芸人と組んで「つぎはぎコンビ」を始めてた。新ネタをジャンジャン作って、あっちこっちのライブに出たり、テレビのオーディション受けたりしてた。

それでさ、横山やすしさんが司会やってたテレビ朝日の『ザ・テレビ演芸』にも、若手のコーナーで２回出てる。

出演しただけじゃない。やすしさんに、飲みに連れて行ってもらったことだってある。ひょっとして、もうそのころはやすしさんの酒癖の悪さは有名でみんな誘われても遠慮してたのかもしれないけど、オイラはそんなの関係ない。憧れのやすしさんに言われれば、ホイホイついていく。

収録の最後までいて挨拶したら、「お前も来い」って、赤坂の居酒屋で飲ませてもらった。有名無名関係なく接してくれた上に、帰りにタクシー券までくれたね。売れてもいない若手に手を差し伸べてくれたやすしさんは、オイラにとっては「芸人の鑑」だったよ。その時、横にいたポチャッとした可愛い女性はてっきり奥さんだと勘違いしてたのが、ぜんぜんそうじゃなかったのも覚えてる。

いきなり、「顔が似てるから島津ゆたか」ってあだ名つけられて、酔って、「おい、島津ゆたか、ちょっと来い」

なんて呼ばれたら、嬉しくてたまんなかった。

やすしさんが何言っても、「素晴らしい！　ハッハッハ」と大笑いしたのが、多分気に入られたんだろう。

「お前は声がでかいから見込みがある」

ホメてももらった。まだ30にもなってなかった。きっとバラ色の未来が来る、とオイラは信じていたね。

「ロック座でやったのは、フランス座で覚えたコント。そこでつぎはぎコンビは解散して、初代ビックボーイズが生まれたんだ」

30くらいかな。相変わらず浅草の第二松倉荘に住んでいて、そこからすぐ近いのもあって、ロック座にコメディアンで入った。やっぱり浅草の雰囲気が、オイラには馴染むんだろうね。それに同じストリップ劇場だし、フランス座と大して変わらないだろうとタカをくってたのもある。

大違いだった。踊り子も若いし、入場料も高いし、お客さんは女のコだけが目的でコントなんかほとんど見てもくれない。結局、あそこでもフランス座でやったネタをそのまま使ってお茶を濁した感じかな。

マサカリほのうとはだんだんうまくいかなくなってた。彼は、お笑いの「間」がわかってなかったのかな。ネタやってて、お客さんが笑ってる最中でも、それにカブせてセリフしゃべっちゃう。だから「間」がズレていく。『ザ・テレビ演芸』でも、なかなかウケなくて、笑いの量を増やすためにスタジオに呼ばれる「笑い屋」の観客もあんまり笑ってくれなかったが、笑い屋さんが笑わなかった話をだいぶ後に漫才協会の後輩にしたらバカ笑いされた（笑）。

つぎはぎコンビは解散して、フランス座の後輩で第二松倉荘に住んでた大塚くんて人とコンビを組んだ。喫茶店でバイトしてて、どうせ時間あるなら、一緒にやろうって。年はオイラの6つ下。これが初代のビックボーイズね。「ビックな男」になるつもりで「ビックボーイズ」。「ビッグ」じゃなくて「ビック」にしたのは、あんまり意味がない。濁点が4つもあるのは多すぎて運が離れそうな気がしたから。

草津温泉のホテル櫻井では20日間の営業に呼ばれたり、仕事はあったよ。

ところが、その大塚くんが、ホテル櫻井にいた受付の女のコとデキちゃった。子供までデキて、もうお笑いはやめて、新潟の実家に帰るって。

つまり、わずか2年くらいのうちに、2度も「解散」しちゃったわけ。

もっとも大塚くんとはその後も付き合いは続いてた。新潟の、大塚くんが勤めてた酒屋さんに呼ばれて、ケーシー高峰師匠と一緒に営業に行ったこともあった。

「コンビのキューピットは加納良治さん。オレのアニキみたいなもんで、ずっと世話になってた」

今の相方・羽生ちゃんとの出会いのキッカケを作ってくれたのは加納良治さんだ。前にも書いたけど、Wけんじ師匠の一門で、細川たかしさんや中条きよしさんのショーの司会とかもしていた先輩芸人。ご自身で『笑漫』ってお笑いライブもやってて、後輩の面倒見はムチャクチャよかった。オイラが相方いなくて困ってると知ると「こいつはどうだ」っていろいろ紹介してくれたり、相談にも乗ってもらったり。まだ無名だった錦鯉を『笑漫』に呼んでいて、

「あいつらは、絶対に当たるよ」

と予言していたのも加納さん。3年前に62歳で亡くなって、錦鯉が当たったのを見ら

加納良治さんとは、一緒にパリに行ったこともある

れなくて残念だったよ。

ご自身がやっているライブで若手芸人いっぱい知ってたから、「あついはコンビ解散してピンになった」なんて情報はとても詳しかった。その中のひとりが羽生ちゃんだったんだな。大道芸の人と「プリーズ」ってコンビ組んでて、別れたところだった。

オイラも、営業で皿回しみたいな大道芸取り入れてたし、原宿のホコ天で実際に大道芸もやってたし、どうせなら、そこをうまくツッコんでくれる相方がいれば都合がいいだろう、と組むことに決めた。笑いはこっちが取る、その邪魔をしないでいいガイド役になってほしい、くらいだったかな。そんなに大きな期待はしてなかった。

まさかあれから30年もコンビが続くなんて想像もしてなかったよ。

「浅草566会館で、さがみ三太師匠と出会った。そこで師匠の弟子を名乗るようになったんだ。もちろん師匠公認だよ」

新生ビックボーイズも、しばらくは営業ばっかり。京やプロダクションて事務所に入れてもらって、そこで各地から来る営業の仕事をやっていく。オイラは営業は強いからね、割に仕事が途切れなかった。90年代のはじめころだったかな、北海道にケーシー高峰師匠、浪曲漫才のさがみ三太・良太師匠と一緒に営業で回ったりもしてた。

浅草でもやりたかったのに、もう残ってたのは落語の寄席の浅草演芸ホールだけ。浅草演芸場がなくなって、漫才や漫談、ボーイズなんかの「イロモノ」の定席がなくなってたんだ。

そんな中で、なんとか浅草に「イロモノのやれる場所」を残そうと動いてたのがさがみ三太師匠だった。

浅草寺の裏手にある５６５６会館を借りて、月に5日とか7日とか、漫才、コント、マジック、紙切りとかの芸人を呼んで三太師匠が、一切を取り仕切って寄席みたいにやってたのよ。

その５６５６会館に、浅草の大先輩・チャンス青木師匠も出ていて、「お前も顔出してみたら」って誘われた行ったら、三太師匠も、営業で一緒だったの覚えてくれていて、

「おー、あの時のお前か」

ってなもんよ。

大したもんだった。556会館っていったらキャパは500くらいある。それで、三太師匠は新聞社と手を組んで、おカネはそこから出してもらった上に、招待券を配ってもらう。

だからおカネも入って、お客さんも来る。新聞社も、お年寄りのお客さんサービスとして協力してくれたわけ。

だから、芸人のギャラだって、浅草演芸場は1組3千円くらいだったのが、その倍くらい出た。

「スゴいですね、師匠」

飲んでる席とかで、三太師匠をさんざヨイショしたら、師匠がふいに、

「じゃ、オレの弟子にしてやってもいいよ」

1日考えたね。オイラはフランス座の時代も、岡山さんの弟子みたいなもんだったけど、別にそう名乗ったわけでもない。誰かの弟子になりたかったわけでもない。

でも、もしここで弟子になっておけば、三太師匠に556会館に呼んでもらえそうじゃない。どうせなら、オイラにとっても「お笑いの故郷」みたいな浅草で、ネタをやりたい。ここは、長いものに巻かれよう。

「弟子にして下さい」

翌日、三太師匠にそう言った。

「5656会館で漫才のネタも始めた。三太師匠には『小道具を使うな』とも言われた。漫才協会に入ったのもこのころだ」

5656会館は、ホールの下に食堂もあって、観光客の皆さんはそこで食事もして、芸人はお土産用の雷おこしを売ってた。それでちゃんと歩合ももらえるから、みんな必死よ。

多い時は千円のおこしが1日600個くらい売れたりするから。

5656のお客さんは、ほとんどがお年寄り。出してもらえるようになったら、オイラのネタはわかりやすいんで、高齢者にはウケるのよ。

ただ、三太師匠に、

「もっと売れたいんだったら、小道具を使うな」

アドバイスされて、迷ったね。皿回しや、風船使ったバルーンネタや、オイラの営業ネタにはモノに頼るのが多かった。しかも、けっこうウケる。また、それやめると、しゃべくりで勝負しなきゃならない。自信なかったんだよね。

けど、やんなきゃいけないのもわかってた。テレビやラジオに出ようとしたら、問われるのはそっちだし。

羽生ちゃんとも相談して、コントはやめて漫才でいくことにした。漫才協会にも入った。実をいえば、はじめはボーイズ・バラエティ協会の方にも入ってて、言っちゃ悪いが二股かけてたの。両方入れば、両方から仕事来て都合いいかも、と軽く考えていたんだな。そしたらどっちの協会からも、「二股はダメ」とくぎ刺されて、なら、三太師匠がいる漫才協会に入るのが筋かな、と決めた。

そしたら、何年か後に、ホームグラウンドとして、昔、オイラが修業時代を過ごしたフランス座跡に「東洋館」が出来た。「東洋館」の正式な名前は、今でも「浅草フランス座演芸場東洋館」ていうくらい。

10年以上かけて一回りしたら、また振り出しに戻った気がして、ちょっと複雑な気分になったのを覚えてる。

「ゴルフでは『ナイスショット！』と叫ぶだけじゃない。必ず相手が呆れるまで拍手をするのがオイラのモットー。ヨイショが得意で、親分肌じゃなくて、子分肌っていうのかね」

どうも、オイラは年上の人に好かれる。さがみ三太師匠にしたって、わざわざ「弟子にしてやってもいい」なんて言ってくれたのは、オイラを気に入ってくれたからこそだ。球児師匠やこぼん師匠でも、気楽に「飲みに行くか」と誘ってくれる。

要するに、ヨイショが得意なのかもしれない。

いい例がゴルフだ。普通、ボールを打つと「ナイスショット！」っていうでしょ。でも、そこで終わり。オイラは、その後、ずっと拍手しながら、「よかったです。サイコーです」ってやるからね。逆にいうと、なんでみんなそこまでやんないのかが不思議なくらい。かりにも大先輩が打ったボールだよ。たとえショットが悪くても、ホメるところを捜してホメるもんだろ。

先輩ばっかりじゃないよ。後輩にだって、やる。気持ち良くなってほしいから、拍手と笑いは絶やさない。

ただ困るのは、先輩にはヨイショしてもオゴってもらったり、いろいろいいところはあるのに、後輩の場合は、「下の人間にまでゴマをするヘンな人」ってナメられたりする傾向があることね。

よく、リーダーになってまわりを引っ張る人間を「親分肌」とか呼ぶじゃない。オイラは、ときどき人に「子分肌」っていわれる。


「酒飲んでも人を笑わすのが好き。笑わせないと不安になってくる。どこでも、スキがあったら、ネタをはじめちゃう。相手が笑ったり、喜ぶ顔を見るのが大好きなんだ」


生まれつき、サービス精神が旺盛なのかもしれない。

人と酒飲みに行くでしょ。そんな時でも、みんなを笑わせないと気が済まない。笑ってもらえそうなネタもいくつもある。かばんの中に小道具入れて持ち歩いてるくらいだ

賑やかなゴルフだが、不調の時は、いっぺんに無口になる

し。

皿回しの皿でも、バルーンでも、マジックのタネでも、すぐ出るよ。

芸人同士の飲み会だけじゃなくて、女のコも混じった合コンみたいなのも強い。簡単なマジックやっただけで、「わー！　すごいっ！」って喜んでくれる。それでまた、カラオケ行って、「うまいね！」「アムロちゃんそっくり！」とか、思いっきりヨイショしまくれば、そりゃ、親密にもなるってもんだ。

営業に呼んでいただく社長さんたちも、みんな「お友達」になれる。

だからこそ、『ビックボーイズとゆかいな仲間たち』なんてライブを年1回やってても、東洋館が満員になるくらいのお客さんは集められる。漫才協会が毎年やってる『漫才大会』でもチケットのノルマがあって売るの苦労してる人たちもいる。オイラは大丈夫。応援してくれる人がいっぱいいるから。人の分まで売っちゃう。

「卑屈でイヤラしい。プライドないのか」

なんて言われることもたまにあるけど、関係ないね。オイラは、人が喜んでくれる顔が見たくて裸にもなる。プライドなんてないね。

「これでも、今まで2回、表彰状をもらったことがあるの。人命救助と骨髄バンクのドナー。サービス精神は筋金入りかな」

キレイ事でいうんじゃないが、サービス精神って点じゃ、割と徹底してるよ。「人助け」が好きなの。それで感謝状もらったこともある。

ＪＲの西日暮里の駅のホームで、人が線路に落ちたのよ。非常ボタンを押してるだけじゃ間に合わないかもしれないって、線路に飛び込んで助けた。無鉄砲だったね。こっちの命も危なかったのかもしれないのに。でも、瞬間的に自分がどうにかしなきゃ、ってなっちゃったんだな。警視総監から感謝状と記念メダルもらった。

骨髄バンクのドナーにもなった。最初にドナー登録するでしょ。そうすると、ある日突然、「適合する患者さんがいました」って連絡が来る。それで手術の２カ月くらい前、弁護士さん、オイラ、女房、コーディネーター、お医者さんの５人が揃って、骨髄提供

人命救助で警視総監からメダルももらった

を承諾する書類にサインして、ハンコを押すの。そうなったら、患者さんも手術に備えて準備するから、もうオイラも「やめます」とは言えない。で、手術は全身麻酔で3時間くらいかかる。。腰に小さな穴を100カ所くらいあけて髄液を取り出し、患者さんに960ccの髄液を提供したわけ。

これも世の中に対するサービス精神かな。

「自分の結婚式で、チャップリンのネタやろうとして、帽子忘れちゃった。都内の営業だと、だいたいなんか忘れる」

物忘れの多さは、オイラの特徴の一つかな。

舞台で使う衣装なんかしょっちゅう忘れる。それもいつも同じじゃなくて、違った場所に忘れる。家から車で営業先にいく時だと、部屋に忘れるだけじゃなくて、車の前までもっていって、そこに置きっぱなしにしたり。電車で行く時にその車内でも忘れる。

車で最寄りの駅に行って、そこから電車に乗るなら、車の中で忘れたりもする。飛行機に乗っちゃうと、もう諦めるしかない。ただし、都内で、時間が間に合いそうなら、ウチに取りに帰ったりもする。

30年くらい前、オイラはよくチャップリンの扮装をして営業ネタをやるのが、ちょっとした売り物になってた。阪神・淡路の震災の被災地にも、支援ライブには、チャップリンで行ってるし。ただ、あれ、帽子から服から靴から、一式ないとサマにならないんだよな。ところが、ついつい忘れてしまう。

最悪だったのが、自分の結婚式。お色直しはチャップリンで出てくる予定だったの。ところが、気が付いたら帽子をウチに忘れてた。これはもう、チャップリンで帽子なきゃヤバいでしょ。それで式の会場からウチまで自転車で5分くらいだったんで、急いで家まで取りに行ったよ。情けないったらありゃしない。たまらんぜ!

チャップリンで登場した結婚式。この帽子を忘れて、妻・美佳に呆れられる

「一度、営業のスケジュールを忘れて、『すいません。ギャラなしでいいですから、埋め合わせで今度こそ行きます』って言ったくせに、それをまたスッポカシちゃっことがある。サイテーだよね。自慢じゃないが、芸人仲間でモノを忘れたことを『なべさんしちゃった』といわれたりすんの」

物忘れっていえば、13年か14年前くらいに、どうしようもない最悪なポカをやっちゃった。ある社長さんの忘年会の営業に、オイラだけがピンで呼ばれたの。寝不足で行くのはよくないって勝手に考えて、前の晩に睡眠薬のハルシオン飲んで寝ちゃったんだな。そうしたら、もう翌日は、きれいに仕事を忘れて眠ってた。

まだそこまでなら、悪いのは悪いとしても、芸人なら1回や2回はあることでしょ。オイラは、その社長さんに平謝りで謝って、「この次はノーギャラで行きますんで、ぜひまた呼んでください」って頼んだの。すると、「仕方ないな」と社長さん、「穴埋めに、知り合いの敬老会に行ってよ」って。

ところが、今度はその敬老会を忘れて、スッポカシちゃった。

後で気付いても、もう遅い。子供の前で「オレはサイテーだ」って半べそかいちゃったもんね。ダブルのスッポカシだもん。

東洋館に出てる芸人の間では、オイラの物忘れはすっかり有名になってて、「ものを忘れた」を「なべさんしちゃった」って言い変えるのがハヤったりした。

「この前、買い物しようとしたら、財布を家になべさんしちゃってさ」

みたいに。わざわざオイラの名前使われて、嬉しいような情けないような、ちょっと複雑な気分だったね。

これじゃ、後輩に尊敬されないか（笑）。

（証言）
さがみ三太

●なべの師匠。浪曲師・相模太郎に弟子入りした後、さがみ三太・良太として漫才でも活躍。浅草５６５６会館では、自ら主催してのお笑い興行を続けていた。

「あいつは人柄はいいんだ。確実にお客を笑わせる力も持ってる」

あいつがチャンス青木に連れられて５６５６会館に出入りするようになって、気がついたら弟子になってた。そん時に、

「漫才やるなら、道具は使わずに、しゃべりで勝負しろ」

とは言ったね。営業ネタで皿回しやらなんやらやるのはいいが、そんなもん使っても、売れる芸人にはなれないよって。

せっかく５６５６会館て場もあるんだから、しゃべりはそこで磨けばいい。それで、ＮＨＫラジオの『真打ち競演』て番組にも出られるようになったんだし、よかったじゃねぇか。

オレは、あーだこーだは、あんまり言わない。５６５６の舞台だけあてがって、後は本人たちに任せてた。

なべは人間もしっかりしてるし、努力もしてたよ。楽屋でも、先輩に対する気配りは

ちゃんとしてたし、まわりの人間には好かれてた。漫才協会でなかなか理事になれないったって、大した問題じゃないよ。協会そのものが大したもんじゃないんだから。

あいつのいいところは、人柄だな。人柄の良さっていうのは舞台に出るからね。今は確実に客を笑わせる力は持ってる。

これから「売れる」ようになるかどうかはわかんないな。私自身は、若いころ、けっこう売れたんだ。なぜかっていったら、立川談志に言われたよ。

「さがみさんは男の色気がある」

残念ながら、なべにはそれはないな。もって生まれたもんだし。売れてもらいたい気持ちはやまやまだけど、難しいかもしれない。

ただ、今、テレビに出てる人間でも、生涯やっていけるようなのはそう多くないしな。なべは、それは出来ると思う。

（証言）

青空うれし

●なべをかわいがる大先輩。わざわざ旅費を出して海外旅行にも何度も連れて行くくらい。

「ハワイのダイヤモンドヘッドで野糞してから、オレはあいつを〝クソナベ〟って呼んでる」

初めて会ったのは5656会館だな。たぶんちょうど羽生と一緒になったばっかりくらいだったんじゃないかね。

ビックボーイズ、面白かったよ。オーソドックスなしゃべくりだけじゃなくて、パントマイムなんかも出来た。器用な漫才だな、って印象はあった。

なべは、座持ちも良くて、みんなと仲良く付き合うタイプ。羽生は、あんまりしゃべらないタイプ。こういうコンビもいんじゃないかね。片方が社交的で、片方がそうじゃないっていうくらいで、2人が揃ってべちゃくちゃしゃべるようなコンビは、イザっていう時に迫力が出ないし。舞台ではしゃべってても、楽屋じゃ性格合わなくて口きかない、くらいがかえっていいんだ。

オレは、海外旅行好きでさ。なべとも何度も行ってる。ハワイは2回で、ロスも3回くらい。サンフランシスコやラスベガスにも行った。車の運転も頼めるし、ありがたいんだよ。

芸人ていうと、舞台は面白くても、普段は真面目でつまんないヤツが多いだろ。なべはどこ行っても、おなじように賑やかで楽しい。かえって舞台より、普段の方が人笑わしてる。だから、「海外旅行行こう」と決めると、真っ先に浮かぶのがなべ。

そういや、20年くらい前かな、一緒にハワイに行った時、あいつ、突然ハラが痛くなって、ダイヤモンドヘッドの草むらで野糞したことがあった。普通、あんな観光地でできないよ。それからオレは、あいつを「クソナベ」って呼ぶようになった。

東日本大震災の後、福島出身でオレの駒大の後輩でもある中畑清が、「みんなを励ましたいんで、ぜひ福島に来てください」って言ってきたことがあって、「だったら、ビックボーイズがいいよ」と行ってもらった。

動きがあって、手品や風船も使うだろ、わかりやすくて、子供なんかにも喜ばれる。評判よかったよ。

飲むと、よく「おい、なべこう！」「はいはい！」なんて感じで、盛り上がる。いつも調子よくって、賑やかだけど、もうお笑い始めて40年か。なかなかシブといよ。オレはよく本人に言うんだ。「世の中に何が起きても、生き抜けるのはゴキブリとなべこう。ネズミだって死んでるよ」

売れる売れないは、もういいじゃないか。生き抜いてるってのが大事なんだ。

（証言）ナナオ

●漫談家。さがみ三太一門でなべの弟弟子にあたる。漫談家ならではのユーモアを交えた司会には定評がある。有名歌手コンサートやショー等の司会にて引っ張りだこで、常々、なべは「ナナオちゃんは弟弟子だが、稼ぎは兄弟子」などとまわりに言う。

「なべ兄さんは、『浅草芸人最後の愚の骨頂』であり、『生き字引』」

これは、悪口ではなく、芸人は、売れる売れないは紙一重という世界に生きている中で売れれば「凄い！　流石！　これは、伝説」となるし、売れなければ「笑えないいくらいダメじゃん」となる。そういう道を選んだ、なべ兄さんなりの芸人魂はエラいと思います。

先輩芸人の悪いところ（破天荒な生き方）を「芸人たるやこう生きて行かなきゃ」とマネしながら自分流でやって来たのに、売れてないから、現時点では愚の骨頂と成っているだけ。

売れれば、間違いなく全てが伝説に成る人です。

平成7年2月から、私が5656会館定席【ザ・演芸】（毎月1～5日間開催）に出入りするようになったころに、なべ兄さんは既にビックボーイズとして舞台に出てました。当時は駆け出し雑用係の私に「営業多くて本当に忙しい」って毎回自慢されたのを

鮮明に覚えてます。（自分より目上の先輩・師匠にも自慢していました）

まあ、基本的に、「いい加減」な人。

人のネタはパクるし、コンビなのに、ピンの営業でもどんどん受ける。

私のネタで、

「実は私、素晴らしい賞を2つ頂いてまして・・・花粉ショウと蓄膿ショウです。」

このネタをやってたら、楽屋でなべ兄さんが、「あれいいよね。その後に、かみさんは不感症で、オヤジは認知症ってやったらもっとウケるよ！ どう？」と、アドバイスしてくれたので、来月入れてみようと思ったら、次の日の舞台で自分がやってた。

それによく、なべ兄さんは「物忘れ」が激しいっていわれてるけど、「忘れたふりをする」ことも多々なんです。

前もって営業入れていても、同じ日にもっと条件のいい仕事が来ると前のを忘れたふりして、おいしい方をとってしまう。まさに、ダブルブッキングの確信犯です。

しかし、それが「ごめんなさい、ガッハッハ」の一言で、許されたりする。羨ましいくらいの、いいキャラクターですよね。

芸人の誰かが、パトロンに成りそうな（我々の世界では「おだん」という）お客さんを紹介すると、いつの間にか紹介者の芸人や社長さんを飛び越えて、その方と一緒に飲みに行ったりゴルフに行って宴会で小ネタをしてご祝儀を稼ぐ等、師匠達いわく「行儀の悪さは天下一品」の評。

それと、ゴルフは、とにかく「教え魔」でした。自分だって、そんなにうまくないのに、人に教えたがる。もっとも、ねづっちも、ナイツのツッチー（土屋）も、みんな嫌がるくらいに教えてたのに、すぐに教わった方がうまくなっちゃう。なべ兄さんから教わったから上達した可能性も数％は有るのかも（笑）。

わかりやすいのが、調子が良くスコアの良い日は、ま～うるさいくらいに良くしゃべるのに、スコア悪いと熱でも有るんじゃないか位、シーンとして、本当に一言もしゃべらなくなる。

酒の席は、先ず下品。酔うと、下ネタばかり！　はじめは、笑いに成ってるけど、酒落に成らない下ネタや、露骨にボディータッチもする。横にご主人がいる奥さんでも、手を取り「これで、我々も肉体関係」なんて言って、自分でウケてる。皆が引いていると「○○ちゃんツッコんでよ！」と人のせいにします。

舞台でもネタが飛んだ時も相方の羽生兄さんのせいにして、「ちゃんとツッコめよ」

なんて怒ってる。

一応、楽屋でも一生懸命にネタ合わせしたりと、真面目は真面目なんですが、アドリブがきかないんです。

正直、兄弟子ですが、仕事も含めて、紹介する相手を選ばせてもらってます。巻き添え食らいますから（笑）。

ただ、金沢明子さんとのお仕事は、昔、なべ兄さんが失敗してくれたおかげで、司会の仕事が私に回ってきて、今が有ります。そのご縁には本当に感謝しております。

なべ兄さんがどうしたら売れるか？　と聞かれたら、もっと徹底して「ダメ人間」に成って奥さんから捨てられた時に売れるんじゃないかなと思います。でも奥さんとはメチャクチャ仲良しなので売れないと思います。

とにかく、なべ兄さんは「浅草芸人最後の愚の骨頂であり生き字引」の人だから。

第五章

しゃべくりがダメなら「営業ネタ」で勝負！司会はドヘタで、たまらんぜ！

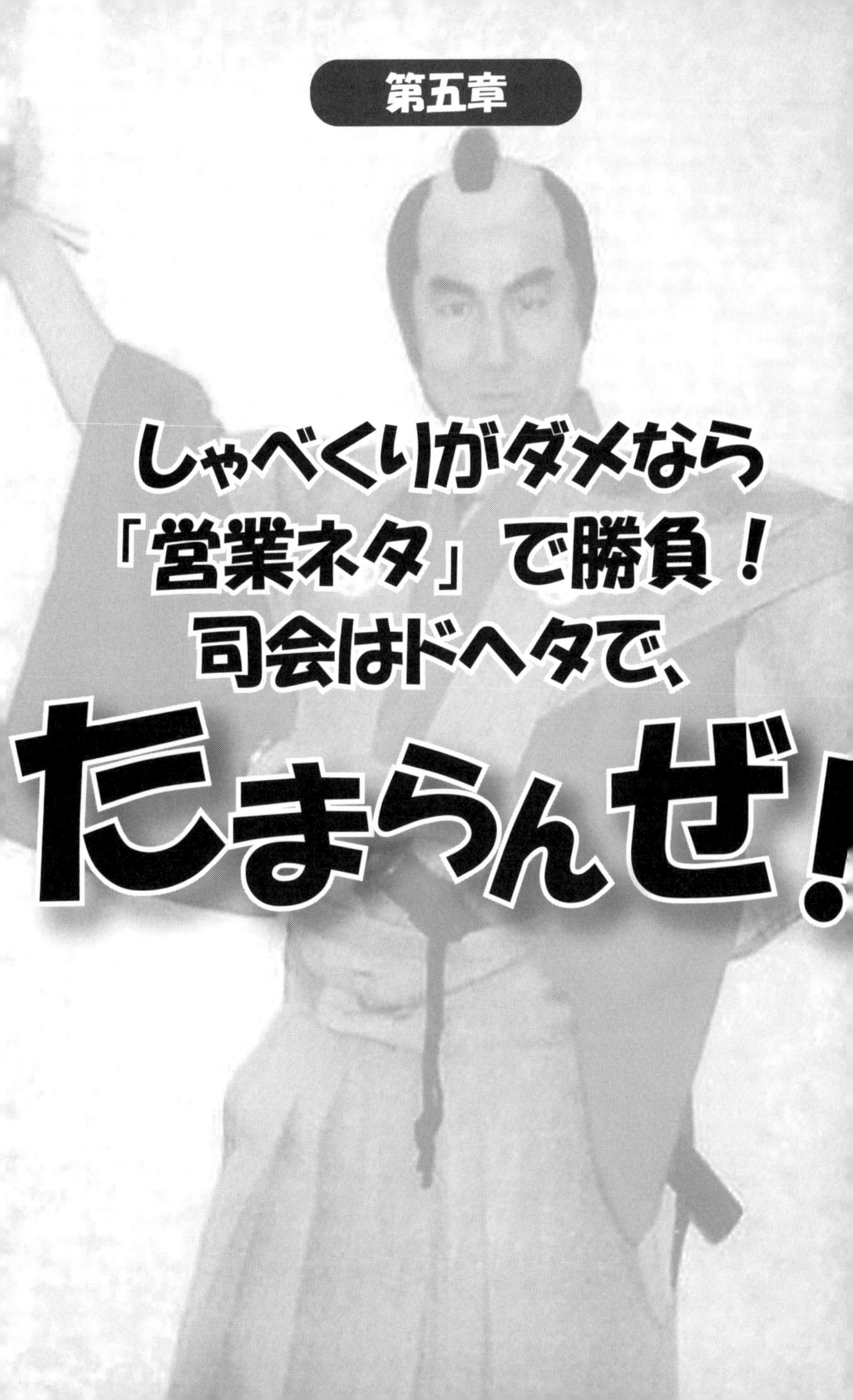

「営業で宴会の余興に呼ばれたりするだろ。お客さんは、みんな、酒飲んでて、漫才のネタなんて聞きやしない。そういう時はオイラは最強」

東洋館と「営業」じゃ、お客さんのタイプも持ち時間もぜんぜん違うからね。

東洋館だと、持ち時間は15分。来るお客さんは、みんなネタを見に来てるわけだから、漫才なら漫才、漫談なら漫談と、ネタで勝負できる。そのかわり、センスがいいかどうかがすぐわかっちゃうんで、ビックボーイズがナイツよりウケる、なんてことは金輪際起こらない。

「営業」はそうじゃないのよ。会社の忘年会もあれば、村のお祭りもある、商店街のイベントもあれば、結婚式もある。お客さんっていっても、集まって来た人達は、別にお笑い芸人のネタが目的で来てるわけじゃない。しかも、だいたいは、酒飲んで、おしゃべりしてる。そういう中で、持ち時間は30分とか、長い時は1時間もたせてくれ、なん

火吹き芸も、かつてレパートリーのひとつだった

てあったりするからね。

これはもう、普通にネタやってたって、だーれも見も聞きもしない。どれだけみんなの目や耳を集められる「営業ネタ」を持ってるかが勝負になる。

こっちはオイラは強いよ。皿回しからマジック、パントマイムにバルーンとか、もう自己流で、いろんなものを身に付けた。すべては、目の前のお客さんを喜ばせたい、ってサービス精神ゆえだ。特にお年寄りが相手だと強い。介護施設の営業なら、オイラがナイツに勝つ自信はある。

チャップリンの扮装して、いろんな芸もして、営業で稼ぎ回ったこともある。口から火を吹く「火吹き芸」をやったこともある。

でも、テレビなんかだと、まったく本領発揮ができないんだな。うまいトークが出来なくて、ついパントマイムやったら、まわりがシラケきったり。やっぱりトークがダメだとテレビ、ラジオじゃ通用しないんだな。

「一番ウケたネタは「輪投げ」かな。お客さんが投げて、オイラが的になるヤツ。あしかショーみたいなの」

営業ネタで大事なのはお客さんを巻き込むってところだな。

いろんなやり方があるの。昔、立川談志師匠なんかは、お客さんに向かって罵詈雑言いって、怒らしたりしてたらしいし、毒蝮（三太夫）さんなんかは、「このクソババー！」なんてやりながら、「あんたはエラいよ、よくこの店やってきた」って持ちあげて、お客さんをいい気持ちにさせて場を盛り上げる。

客席のおばあさんを指して、いきなり「おー、オフクロ！」と声かけて、そのまま、そのおばあさんをオフクロに見立てて「客いじり」する手もある。

要は、あっちこっちが賑やかにやってるところで、どうお客さんみんなの注目を集められるかどうかだ。

その点じゃ、オイラは徹底的にお客さんに媚びる作戦でいくのが多い。

一番ウケる営業ネタは「輪投げ」。あらかじめホースでまるい輪っか作って、それをテープでとめとく。その輪っかを舞台に上がったら、前の方のお客さんに渡すわけさ。それでお客さんに投げてもらう。的はオイラ自身だ。ほぼ完全に「あしかショー」で、オイラが、うまく輪っかをくぐれるように動き回るだけでドカンドカン笑いが来る。

そんなの邪道で、お笑い芸人ならしゃべくりで笑い取れ、って怒られそうだけど、オイラにはそんなウデはないのは自覚してるし、笑いとるためには何でもやる覚悟はある。

「尻に顔描いて、何かのタイミングでベロッと尻まくって、その顔にしゃべらせる人面ケツは、スベりまくってどうしようもないとこでも、ウケる」

そういえば「人面ケツ」もウケるね。

前もって出番前に、ちょうど男女がキスしてるみたいに、尻の割れ目を挟んで、唇を合わせた二人の人間の顔を描いとく。それでタイミング見計らって、ズボンを下ろして、お客さんにケツ向けて、その顔が見えるようにするわけ。

後は適当に男女の会話をすればいい。自然に、話の中身は下ネタになる。

「いいだろ、やらしてくれよ」

「ダメよ、あなた勃たないじゃない」

「きょうは大丈夫。バイアグラもってるから」

そんな程度で構わない。どんなに酔っぱらったお客さんでも、確実に注目してくれるし、笑ってくれる。テレビ東京のある番組に「一瞬芸コーナー」っていうのがあって、そこで「人面ケツ」やったら優勝して、賞金10万円もらったこともある。そのカネでアパートの家賃払った。

ただ、最近、テレビで、この「人面ケツ」やったら、放送見たら完全にカットされてた。まあ、やる場所を選ばないとね。

体に顔を描く、っていうのだと、尻だけじゃなくて、ヒザにも前もってマジックで描いとく。それで、これもタイミング見計らって、

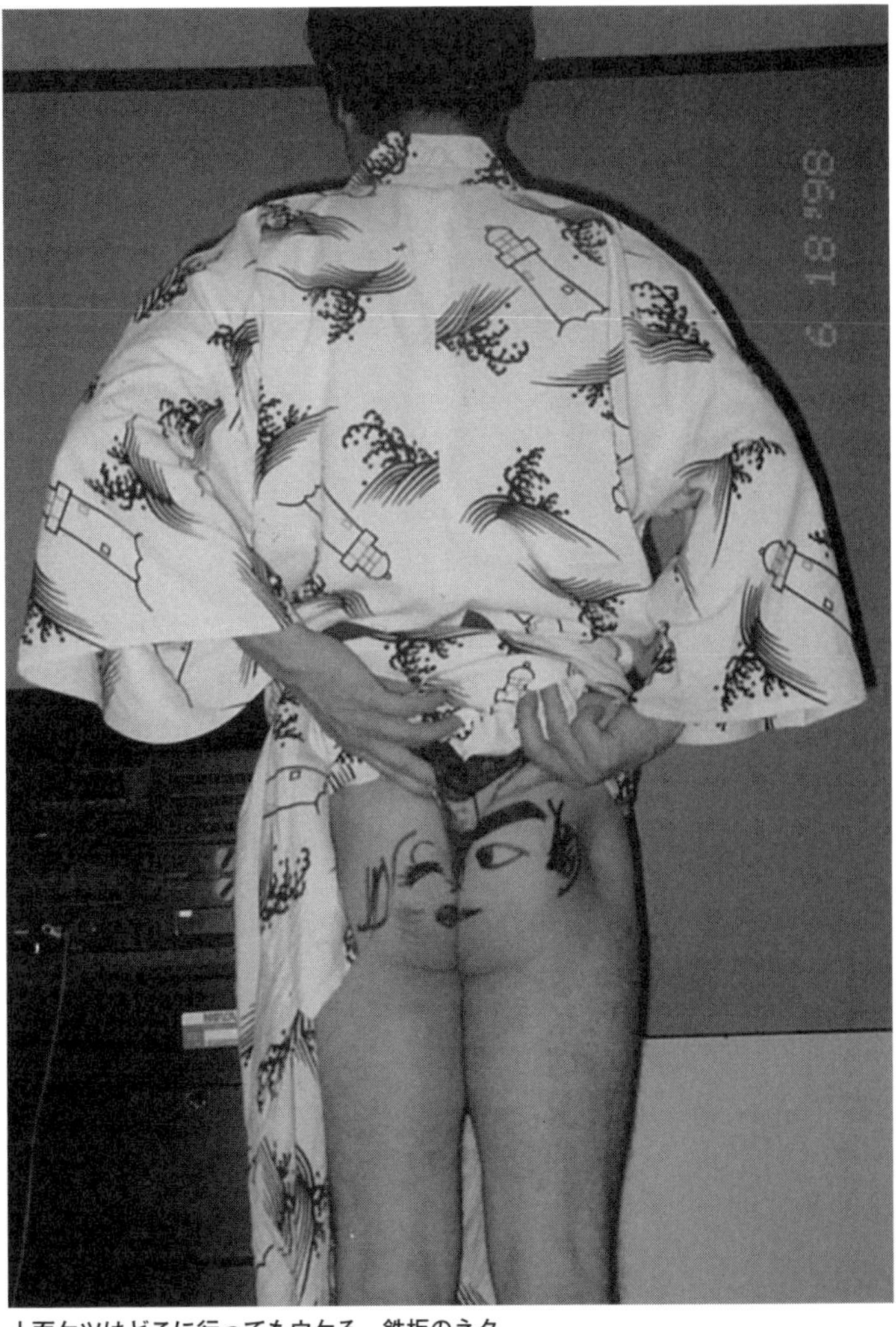

人面ケツはどこに行ってもウケる、鉄板のネタ

「弁天小僧、ションベン小僧、鼠小僧、・・・あ、こんなところにヒザ小僧」って言って、ズボンをヒザのところまでまくって、ヒザの顔を見せる。これは、ほぼ一発芸で瞬間の笑いだよね。「人面ケツ」ほど大きな笑いはとれなくても、確実にそこそこの笑いにはなる。

「スナックだと、ライターとかカサの超能力芸とかがウケるね」

営業の会場の中には、大きな公会堂や体育館のようなところもあれば、温泉の宴会場みたいなところや、デパートの屋上や、場所もいろいろある。

どっちかっていうと、オイラは小さい方がいいね。客いじりするんでも、場所がデカいとなかなかウケが広がらない。その点、スナックで、10~20人くらいの酔っぱらったお客さんを相手にするのなんかは、得意中の得意。

簡単で分かりやすいネタほど、ウケるんだよ。たとえば、お客さんのひとりにライター渡して、こっちもライター持ってる。それで、

「超能力で、こっちの火をあっちに転送させます」

なんて言って、ライターに火をつけて、「はいっ」って合図して消すでしょ。そうするとだいたいライター持ったお客さんが火をつけてくれる。バカバカしい、タネも仕掛けもないような「超能力ネタ」なのに、これだけでけっこうウケる。

同じやり方で、カサも使えるね。ワンタッチのやつ。まずお客さんにワンタッチのカサをもってもらう。それでまた「超能力であのカサを開いてみせます」って、こっちから合図を送って、お客さんにパッと開けてもらう。

ときどき、わざとカサのボタンを押さないお客さんもいるけど、その時は、こっちも、「頼みますよ。私も生活かかってるんですから」

とツッコミ入れると、そこもウケるし、二度目はちゃんとボタン押してくれる。

あんまり凝らなくていいの。酔ってる人たち相手に難しいことやったってしょうがないんだから。

「露骨なインチキマジックは、大人にウケても、子供は本気で『インチキだ』っていうのがいたりするんだ。でも、それがかえってチャンス」

お祭りの営業だと、これ以上ないような、露骨なインチキマジックもウケるね。

たとえば右手に野球ボールを持って、

「さあ、これからこれを左手に魔法でうつしかえてみせます」

とかいって、そのまま両手を後ろに回してボールを左手にもちかえて、「さ、どうです」

とやったりね。

マジックともいえない、バカバカしいネタ。そういう力が抜けた大人げないのが、かえってよかったりする。

それで、お祭りだから、お客さんは大人だけじゃなくて子供もいるだろ。さすがに大人はいなくても、子供が、本気で、「それインチキだ！」と騒ぎ出す時もある。これはかえってチャンスなのよ。

「うるせーな！　このガキ」

マイクを通してはっきり言うと、まわりの大人が笑ってくれる。子供はムキになって
「おかしいよ、インチキだよ」

返してくれれば、

「営業妨害するな！」

こんなやり取りをするだけで、みんなウケる。だからオイラは、子供が多い営業もちっとも怖くない。

「パントマイムだと、やっぱり切腹ネタがウケるね。特にドギツい下ネタがサイコー！」

パントマイムは自己流もいいとこ。誰に教わったわけでもない。でも、プロに負けないだけのレベルはいってると思うよ。しかも、営業ネタとしての工夫も入れてる。

たとえば、目の前に壁がある「壁」ってマイムじゃ定番でしょ。ただやるだけじゃ面白くない。そこでお客さんに、「なにをやってるところですか?」って聞くわけ。すると「壁」ってだいたい返ってくる。で、「いえ、実はこれはガラス拭きです」なんて答える。「綱引き」のマイムなら、まずお客さんに聞いた後、「実は地引網です」とかね。シャドーボクシングやって、お客さんが「ボクシング」って言ってきたら、「答えは五木ひろしです」とか。

まずお客さんに言わせて、それを裏切る。営業ネタでウケる鉄則のひとつ。

でもパントマイムで一番ウケるっていったら「切腹ネタ」だね。しかも下ネタのところがやたらとウケる。

最初は、普通に腹を切るんだけど、そのまま一周して、背中に回っちゃう。ついでにタテの方も一周して、最後は引き裂いた腹の中から腸を取り出して縄跳びするのがオチ。ただウケるのは、ちょうどおチンチンのあたりまできて、股間がつっかえてうまく切れないところ。もう焦って切ろうとすればするほどますます切れない。ウケるんだよ。笑いがおさまるまでくどくどと続けるの。営業ネタは、ウケればこれでもか、ってやっていって、ウケなきゃとっとと終わらす、この間合いが大事。

「ストレス発散っていって、隣りの人間のアタマ叩くネタもウケるんだけど、たまにマジで叩く人もいるからシャレになんない時もある」

オイラが開発したネタとしては、「ストレス発散」なんてのもある。前口上は、

「この体操をすれば、ストレス発散して、健康にいいですよ」

今のお客さんは「健康」に関心が深いし、すぐに反応してくれる。

それで、まずお客さんに横に並んでもらって、両手を前に出してもらう。それで手をグーパーしてもらったら、「じゃあ、次は右手をそのまま上に大きくあげて」って言って、次は、「じゃ、上げた手を横に思いっきり振り下ろしましょう！」

そうすると、横の人のアタマを叩くわけでしょ。人のアタマ叩いて「ストレス発散」なんて。さすがにふつうの大人はやらないにしても、けっこう盛り上がる。

困るのは子供だよね。小学校なんかでこのネタやってもらうと、生徒の半分以上がホ

ントに叩いちゃう。「なにすんだよ！」ってケンカになったりする。

とにかく営業では、どんな形であっても、お客さんに参加してもらったり、みんなを巻き込む。これが基本。

実はこの「ストレス発散ネタ」、おぼん・こぼん師匠も『笑点』でやって、しかも、「これはビックボーイズのネタなんです」ってちゃんと言ってくれた。嬉しかったね、ずっと自分たちがやったのを認められたみたいで。

あ、そうか、喜んでる場合じゃないな。自分たちが『笑点』出て、やらなきゃ。

「皿回しなら、『皿を途中で止めます』って天井にくっつけちゃうネタがあるんだけど、最近はみんなやるから、あんまりウケない」

皿回しも、よくやる。ああいう皿回しの皿って、合羽橋に売ってんの。底に引っかかりがあって回しやすいのが。もともと大道芸でやってるのを見てて、自分でもやってみ

チャップリンの扮装で、皿回しやマジック、ハンカチのネタをやったりすることも

ようって考えた。ヘルシー松田さんの芸とかね。どれか曲芸っぽいものやりたくて、あれならできるんじゃないかって。

オイラは、しゃべくりはあんまり得意じゃないのに、ああいう芸はなぜか割合スムースにやれる。それでまだ30そこそこくらいのころに、原宿のホコ天で実際にやってみたりもした。けっこうウケたよ。

いろいろなネタも考えた。ウケたのは、

「さーて、ここから回ってる皿を止めてみせます」

って、天井に皿をくっつけて、そのまま止めるやつ。天井が低い会場じゃないと出来ないけど、やるとウケる。皿を回した後に、それを飛ばして受け取るのもウケるけど、もっと違う、わかりやすいオチがほしかったの。

残念ながら、オイラがやった後に、みんなもマネするようになって、あんまりウケなくなっちゃった。

それに、皿回しはたまに、お客さんの中でも、オイラよりうまく出来る人がいたりする。客席から出てきてやってもらったらプロ級、みたいな。ま。それはそれでウケるからいいの。

「女性からハンカチを借りて、匂いを嗅いで咽るってネタは、本人はイヤがっても、まわりは笑う」

営業の客いじりの鉄則は、イジる相手を絞り込むのと、誰でもわかるような単純なネタをやること。

たとえば、客席の中に、見るからにちょっと着飾った、派手目の女性がいるとする。そしたら、すぐそこに行って、ハンカチを借りる。それで、思いっきりハンカチを褒める。「なんて肌触りだ。これはシルクですね。しかもそのデザインが美しい。バラの花ですか。さぞやお高いんでしょう」

さんざハンカチを持ちあげた後に、匂いをかいで、気持ち悪そうに咽って、セキをしたりする。やるのはそれだけ。

ウケるんだよね。ハンカチの本人はイヤな顔するけど、まわりにはウケる。申し訳ないが、そのお客さんには「犠牲」になってもらう。「犠牲」になりそうなお客さんは、舞台に上がったら、すぐに目をつけておく。まずハズレはないね。

同じ、女性客相手のベタな客いじりっていったら、バルーン芸でもときどきやる。ほら、長い風船を加工してイヌとかウサギとか作ってお客さんにあげる芸ね。バルーンでプードル作って、「これはキレイなお客さんにしかあげない」って、女性客の前まで持って行って、「あ、やっぱりやめとこう」みたいな。

ああいうのも「犠牲」になってもらうお客さんは、目星をつけとく。イジラれて怒りそうな人のところには絶対に行かない。

「風船で動物作るバルーン芸だと、どんなリクエストがあってもプードル作っちゃったりする」

バルーン芸も、自己流。自分でやってみて、プードルからキリン、ウサギ、ネズミ、クマ、それにだっこちゃんとか、一通りは作れるようになった。

それで、まず最初にお客さんからリクエストを取る。「どの動物を作りましょうか？」って。いろいろ出てくる。「ライオンがいい」「ミッキーマウスにして」「ゾウを作ってほしい」なんて。でも、全部が全部、出来るわけがない。

どうしようもなくなったら、どんなリクエストが来ても、プードル作っちゃう。プードルは作りやすいし、もらった方もオシャレでカワイイから、抵抗がない。それで、

「はい。ライオンです。これはライオンという名前のプードルです」

「はい、ミッキーマウスね。これはミッキーマウスという名前のプードルです」

って渡す。ウケるし、もらっていやがるお客さんもいない。

それだけじゃなくて、バルーンを膨らませたお客さんには千円進呈、なんてこともやる。シロートがバルーンを膨らませられるのって、相当難しいはずなんだ。ところが、最近は10人手を上げればひとりくらいはやれる人がいて、何度か、千円払わされた。だから、あんまりやりたくない。

「営業でもらったギャラの封筒が厚いんで、いくら入ってるか期待したら、全部ビール券だったこともあった」

東洋館のギャラは、もちろん正直には告白できないにしても、決して高くはない。少なくとも、それで一家の生活を成り立てようなんて、とてもムリ。

営業で稼ぐしかなかった。女房が看護師やってるんで、どうにかはやっていけるとしたって、家の主人としては、それなりには稼がないとね。

ギャラはもうバラバラ。10万円以上くれるところもあれば、ビックリするくらい安いところもある。ある公務員の団体だったかな、しっかりご祝儀袋を渡されて、これは

5万以下はないな、と期待したら、中身が2千円だったことがあった。あまりに少ないんで、共演した師匠が、「これももってきなよ」って5千円くれたね。

逆に、ティッシュに包んで「はい」ってもらったんで、「こりゃ1万円も入ってないな」とガッカリしたら3万入っていてビックリしたこともあった。確か、有名な長岡の花火を見に行くバスツアーで、そのバスの中で場を盛り上げる仕事だった。

あるカラオケスナックで司会の仕事した時なんか、2時間みっちりやったら、ギャラで分厚い封筒もらったこともあった。かりにぜんぶ万札としたら数十万だ。「やった！」って中開けたら、全部額面500円のビール券。あれはがっかりした。

営業は、見ようによっちゃ、テレビよりも厳しいところかもしれない。その場でウケなきゃ、もう2度と呼んでもらえないんだから。しかも、別に売れてるわけじゃないオレラは、普通に出ただけじゃ、お客さんは見てもくれない。

しゃべくりのネタより営業ネタに力を入れていったのは、しょうがないっていえばしょうがないんだ。コロナの後、めっきり営業の数が少なくなってピンチだが、最近はちょっとずつは持ち直して来てるかな。

「『ナイツ塙の自由時間』って YouTube の番組で、『闇営業の虎』っていうコーナーがあるの。オイラ、そこで審査員やってる」

ナイツの塙ちゃんが YouTube で『ナイツ塙の自由時間』ってやってる。その中で、『闇営業の虎』っていうコーナーがあるの。

若手芸人が出てきて、「ぜひ営業で10万円のギャラが欲しい」なんて言った上でネタをやる。それを審査員が見て、「これなら10万円は取れる」とか「とても無理」とか判定するわけ。だいぶ前に『マネーの虎』ってテレビ番組があったでしょ。要するにあれのパクリだな。

オイラは、そこで「審査員」として呼ばれた。もうひとりの審査員が、オイラより、さらに10年以上芸歴が長くて、いまだに営業でも絶大な人気を誇る、ものまねのはたけんじ師匠。

そこで若手のネタ見ても、「みんな、わかってねーな」と思うしかないね。顔も知られてないくせに、普通の漫才ネタをやり出したりする。それで「ギャラは10万ほしい」なんて、勘違いもはなはだしいね。そりゃナイツやおぼん・こぼん師匠が出てくれば、ネタやってもみんな見てくれるし、何十万も払う価値はある。売れてもいない、そんなに面白くないコンビが出てきて、ただ普通のネタやったって、おカネになるわけないだろ。

それでオイラは「輪投げ」や「人面ケツ」や「パントマイム」や「皿回し」や極端なところじゃ、「火吹き芸」や、いろんな引き出しを増やして、30分、お客さんが飽きずに見てくれるやり方を作っていった。

「そんな回り道はせずに、自分たちは漫才ネタで勝負する」

そう考える若手も多いだろう。だったら、アルバイトしながら、一生懸命、ネタを磨けばいい。安易に営業で喰おう、なんて考えない方がいい。

「せっかくもらった歌謡ショーの仕事でも、しゃべくりとなると緊張するんだね。ことごとく失敗してる。まず、よく曲名忘れるんだ」

営業ネタにこだわった一つの理由として、せっかくもらった歌謡ショーの仕事が失敗続きだったのもある。

ヘタなのよ、しゃべくりが。しかも緊張してやたらと震える。

金沢明子さんのショーでは、わざわざ韓国の方まで行かせてもらった。だけど、曲名忘れて、「さあ、続きまして・・・」の後に何も言葉が出て来ない。それで「はい、この歌でどうぞ」ってゴマカしたりね。会場のエレベーターに乗ったら、シロートのグループが、

「なんだ、あの司会は。ヘタ過ぎる」

なんて腹立ててた。

それでも金沢さんは天使みたいに優しい方で、何度か呼んでくれたけど、こっちが心

苦しくてね。弟弟子にあたる漫談のナナオちゃんに、その仕事替わってもらった。あいつ、しゃべくりはうまいから。今や美川憲一さんや福田こうへいさんの司会もやっていて、「ナナオは弟弟子だけど、収入は兄弟子」状態。

藤あや子さん・坂本冬美さんのショーに呼ばれた時も、マイク持つ手が震えて両手で持ってたくらい。お客さんに、「あの司会、緊張してる」ってバレバレだった。

花村菊江さんのショーでは、花村さんの最大のヒット曲『潮来花嫁さん』を『瀬戸の花嫁』と言い間違えて、スタッフにさんざ怒られたね。本人の前でも「申し訳ありません」と土下座して謝って、花村さん、「いいのよ。気にしないで」って慰めてくれたものの、2度と呼ばれなくなった。

やっぱりマイムや皿回しや、そういう芸で生きていくしかない、と改めて思うしかなかったな。

（証言）武田勝美

●あの伝説の漫才コンビ・Wけんじのマネージャーとして活動した後、京やプロダクションの社長として、主にお笑い芸人のマネジーメントを手掛ける。長年、所属芸人としてなべかずおやビックボーイズに、多くの「営業」の仕事を提供してきた。

「私はまだビックボーイズは売れるチャンスがあると思ってます」

30年以上前かな、同じ芸人仲間の紹介でやってきて、いつの間にか居ついちゃった感じです。

もう根っからの芸人。芸事が好きで前向きで、少しくらいうまくいかなくても弱音を吐かない。コンビでもピンで行っても営業ではハズさないんです。芸人仲間で飲んでてもネタ始めちゃうくらいで、あんなにサービス精神が旺盛な人間はいません。人を笑わすのが好きで、そのためにわざわざ小道具も持ち歩いてるくらいですから。飲みの席でも、皿回しはじめちゃったり。

舞台でもとことんやりますからね。なかなか客が沸かないとなったら、口から火を吹く芸も平気でやるくらい。だから安心して使えるので、全国どこからでも声がかかる。千葉の営業だったかな、火を吹くネタやって、ついヤケドしちゃったこともあったんです。そしたら、そこの興行師のおばさんに、「どうせなら、芸名を『なべやけど』にしたら」って言われて、「それだけは勘弁してください」と断ってたけど。

舞台に出れればおカネは二の次で、ギャラのトラブルも一切ありません。どんな仕事でも喜んで行ってくれる。

欠点と言えば、物忘れがひどいことかな。たとえばチャップリンの扮装で出てくれ、と頼まれたのに、うっかりその舞台衣装を電車の中に置き忘れたりね。依頼した側は、「話と違う」ってゴネるのは当然でしょ。でも、もう本番に間に合わない。結局、普段着のままで、20分くらいやって、笑い取っちゃいますから。そこは彼はスゴい。

羽生とのコンビもちょうどいいね。やたらと動きたがるなべと、あまり動かない羽生のコントラストがおかしいし。

私は、まだビックボーイズは売れるチャンスはあると思ってますよ。

新年会、忘年会、納涼祭にゴルフコンペと、いろいろ呼んでくださる飯村工務店・飯村秋男会長と。会長のモットーは「今も昔もこれからも、人生前向き！」

第六章

いろいろやったが、ちっとも売れない！どうにもこうにも、たまらんぜ！

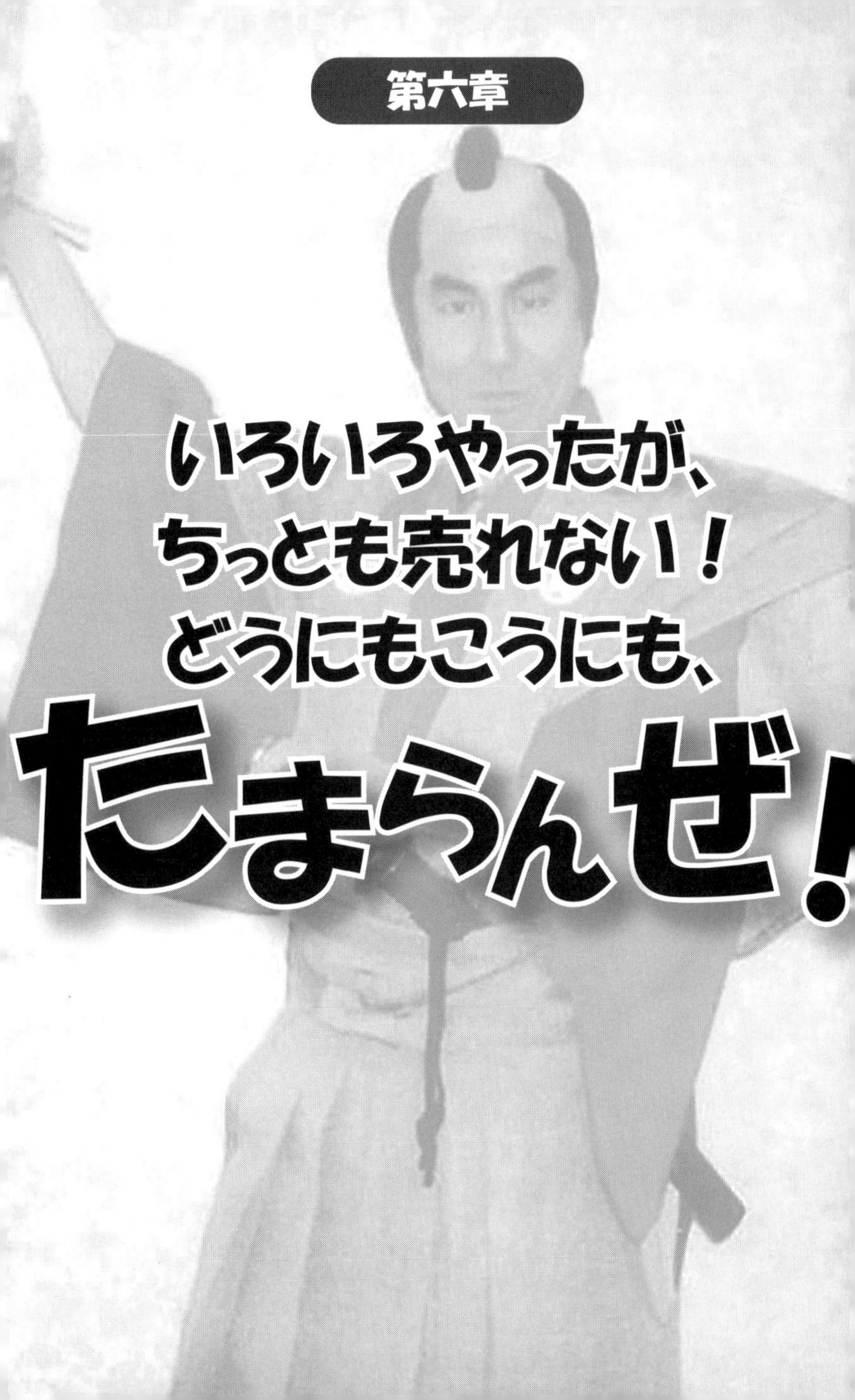

「唐草模様の衣装は、開運を狙って着てみた。けっこう運が開けた気がするよ」

ビックボーイズの衣装っていったら「赤い唐草模様」。もうそれ始めてから17〜18年くらいたってる。

もともと着ようと思ってたのは、全然違うのだったの。ところが、その、黄色と黒が基調の派手な衣装を、うっかり電車の中に忘れちゃった。それなら、また別のデザインにした方が縁起がいいんじゃないか、って迷っている最中に、群馬にゴルフに行った時だったかな、終わって酒を飲んでたら、緑の唐草模様のマークが入った酒瓶があったのよ。

「あれって、いいよな」

ピンと来た。ただ緑の唐草だと、昔の東京ぼん太さんのマネっぽい。それで赤い唐草模様にかえたわけ。

世田谷・梅丘の衣装屋で作ってもらって1着28800円のお手頃値段。羽生ちゃんにも「どう?」って聞いたら、「いいですよ」とあっさりしたもんだった。

あれ作ってから、CDの『たまらんぜ』をナイツがイジってくれるようになったり、運は上向きになったんじゃないかな。つまり「開運」は成功したともいえる。

「『たまらんぜ』が生まれたキッカケは、芸人仲間の何気ない一言。これをパクりと言われちゃったら、そりゃオイラも、たまらんぜ！」

あの『欽どこ』で知られてる斉藤清六さんとは長い付き合いで、一度、清六さんが頼まれたキックボクシングのリングアナを、オイラが代わりに頼まれたことがあった。知り合いの芸人にも来てもらって、賑やかにやったんだ。

その打ち上げかなんかだったかな。来てくれた芸人のひとりが、飲んでて、何度か、「たまらんぜ」を繰り返すわけさ。

「貯金が全くたまらんぜ」

「なかなか売れなくて、たまらんぜ」

みたいに。そこでオイラは、「たまらんぜ」にちょっとピンと来た。何か面白い言葉だなって。でも、そこでは、ただ頭の中に残っただけ。

それで、試しにＣＤ作ろうって考えた時に、「あれ使えるんじゃゃ」ってなったんだ。

この話をまわりの人間に話したら、

「なべさん、それってまたパクりじゃないか」

と笑われたけど、こんなものまでパクりって言われたら、それこそ、たまらんぜ！


「『たまらんぜ』のCD化は、見本がきみまろさん。CDで当たったからね。それで普通の歌よりアピールするだろうって、ラップにした」

売れる前から、綾小路きみまろさんは見てた。あの人、『太田プロライブ』みたいな若者向けのところにも出てて、オイラとも一緒になったことあるんだよ。

「厚化粧　首と顔とは　別の人」

みたいなネタ、やってた。『太田プロライブ』っていったら、爆笑問題はもう出てウケてて、今のくりぃむしちゅーの海砂利水魚や、バカリズムもコンビで出てて、みんな若い人にはウケてた。

ああ、オレたちは、爆笑問題の方じゃなくて、きみまろさんを目指すべきだな、とそのころから決めてた。

そしたらきみまろさん、自分で作ったネタのCDをバスツアーやなんかで流して大人気になったでしょ。よし、じゃ、次はオイラがやろう、ってなもんよ。CDをキッカケに大ブレークってね。

そこでちょうど、アタマの中に残ってた「たまらんぜ」が浮かんできた。

普通に歌作って出してもしょうがない。きみまろさんのネタCDじゃないが、なんか他とは違った趣向で行こうと出て来たのがラップ。別に、ラップを聴くのが趣味だったとか、そういうのは一切ない。音楽っていったら、せいぜい演歌だもん。

だけど、そういうオッサン2人がラップにチャレンジするって、いいんじゃないのかな、とは思ってた。

「お金が欲しくてたまらんぜ」「彼女が欲しくてたまらんぜ」「貯金が全くたまらんぜ」と次々に歌詞は浮かんで来る。もうその気になったら、いくらでも追加できる。

最初のレコーディングは知り合いのツテでスタジオも借りて、CD作った。全部ナマで唄って、そのまま録音したの。10枚くらいまず作って、それをコピーして合わせて600枚作ったかな。ジャケットも友達に頼んで、ビックボーイズの似顔絵描いてもらってさ。

制作費は10万円ポッキリ。一枚千円で売って、その600枚売り切ったから、元が取れてるどころか、利益あがってる。

舞台でも、ジャンジャン言ったからね。

「CD出しました。ロビーで売ってるんでよろしく」

って。東洋館に置いとけば月に10枚以上は売れるし、国立演芸場に出ても売った。舞台が盛り上がりさえすれば、お客さんは買ってくれるんだよ。

「『たまらんぜ』はわざとなるべく練習しない。ブッツケでやった方が、ウケたりするんだよ」

ＣＤ出したら、ナイツの塙ちゃんがすぐ反応してくれた。

「この人達は、いい年して、売れたくて、いきなりＣＤを出したんです」

なんてイジってくれるようになった。ありがたいよね、イジってもらってナンボだから。テレビにもちょくちょく呼んでもらえるようになった。

ただ、やってみて、わかったことがある。

最初は、自分たちの歌なんだから、歌詞はしっかり完璧に覚えなきゃいけないと思い込んでた。でも、そうじゃないんだな。

「ＣＤ出しました！　ぜひ聴いてください」

ってやりはじめて、途中で歌詞忘れたり、カンだり、アタフタしたりして、そのあげくテキトーに唄い出したり、そういうのがいいの。ナイツや司会の人がイジりやすい。

幸いにも『たまらんぜ』は３番までミッチリと歌詞がある。よっぽどちゃんと練習しないと、何度やっても覚えられない。

だから、テレビで披露したりする時には、ブッツケで、前もって練習したりもしない。

そう決めてるの。

「今になって、『たまらんぜ』を出囃子で使うようになった。なんではじめっからやらなかったんだろう」

ありがたいよね。CD『たまらんぜ』は、もう15年くらい前に出したものなのに、今でもチョコチョコ売れてる。大ヒットしたわけでもないんで、「古く」ならないのもあるな。

ネタの最後にも『たまらんぜ』を披露するようにもなった。ほら、「コロナがひどくてたまらんぜ」とか「ウクライナ侵攻、たまらんぜ」とか、いくらでも時事ネタをいれられるでしょ。要するに、ネタは無尽蔵。

今にして思えば、「ラップ」っていうのもよかったよね。音楽に乗せるとお客さんも

第六章　いろいろやったが、ちっとも売れない！
どうにもこうにも、たまらんぜ！

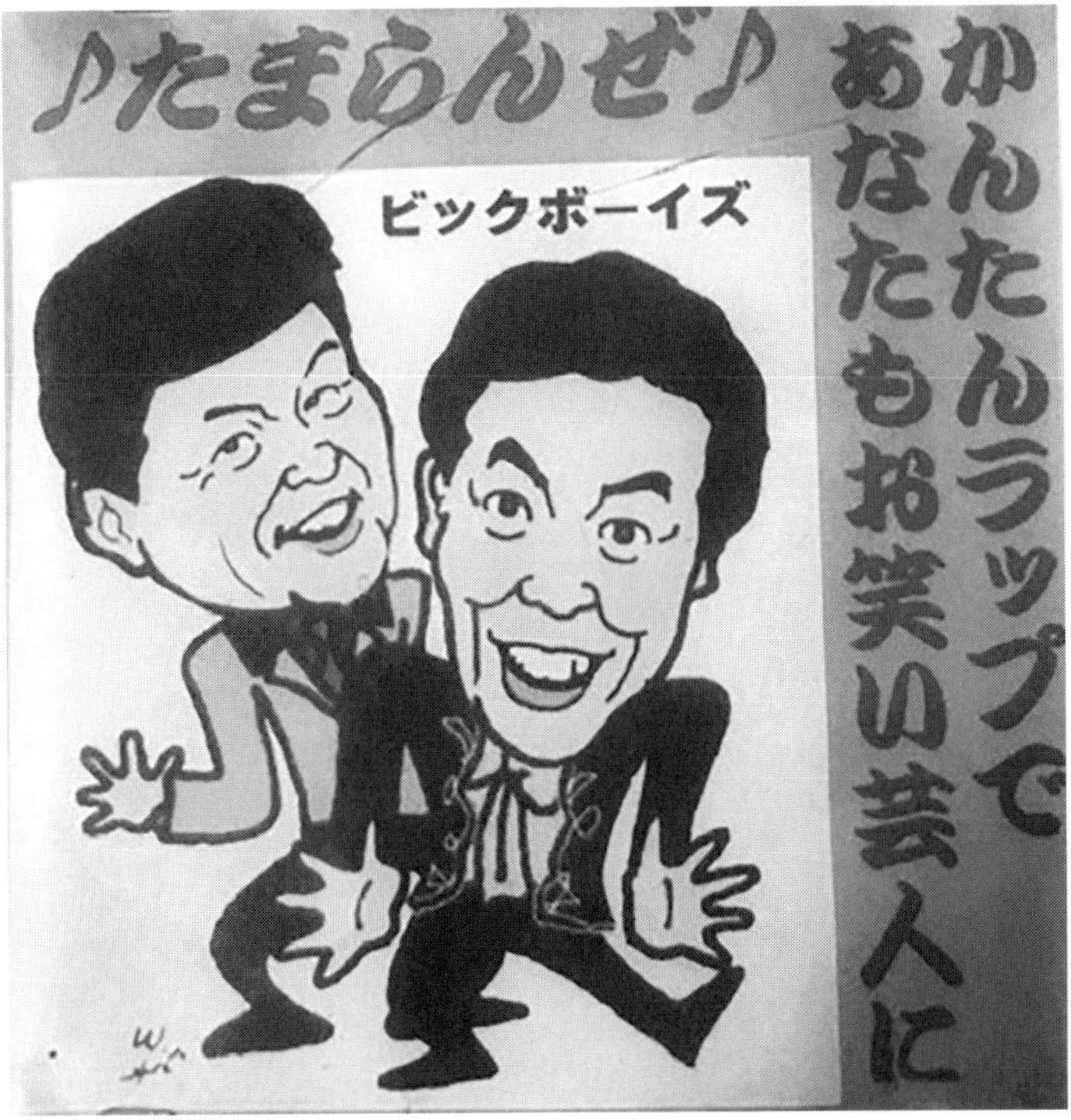

CD『たまらんぜ』は制作費 10 万円

乗りやすいんだ。もうビックボーイズを知ってる人たちにとっては、完全にテーマソングになってる。

うっかりしてたよね。出囃子あるじゃない。つい最近まで、その出囃子と『たまらんぜ』が結びつかなくて、ようやく1、2年前に気付いたの。これはアントニオ猪木の『イノキ・ボンバイエ』と同じなんだって。ビックボーイズが出るところでは、まずあれを流すところからはじめよう、と。

なんで気が付かなかったのか、不思議なくらいだね。たまらんぜ！

「『ナカイの窓』じゃ、『たまらんぜ』って返さなきゃいけなかったのに、真面目に答えちゃった。やっぱり人間が真面目だからかな」

舞台だとそれなりにハジケたりできるのに、テレビでは、なかなか出来ないんだ。どうしても根っこの真面目なところが出ちゃう。

ナイツが呼んでくれて、『ナカイの窓』に出させてもらったことがあるのよ。「ヘンな

ＣＤ出してる先輩」って紹介で。

たださ、いったいどこで飛び出していったらいいかわからない。どうも番組としたら、突然、トークの間に乱入するみたいな感じにしたかったらしいのに、そういうのがうまくできないの。呼ばれるまでずっと待ってたら、あんまり出て来ないんで、中居さんも心配になったんだろうね。

「じゃ、ビックボーイズに唄ってもらいましょう」

呼びこんでもらって、ようやく出た。スタジオの雰囲気も盛り下がってて、こりゃ失敗したな、とすぐにわかったわ。

それでまたトークになったら、「なかなか売れてなくて大変ですね」みたいなのをふられたわけ。つまり向こうは「たまらんぜ！」と返してくるのを期待してたんだな。ところがオイラはそこに気付かず、「はい。でも好きなことやってるし、楽しいですよ」みたいなシロートみたいな返しをしちゃった。スベるっていうより、スタジオ内が凍った感じだったね。

あれはナイツに申し訳なかった。後でメールでたっぷり謝った。

「『ウチくる』で人面ケツやったのは、全部カットされたね。現場ではウケたんだけど、やっぱり放送コードとかの問題かな」

前にも書いたけど、「人面ケツ」はオイラの持ってる営業ネタでも一番ウケる。ほら、ケツの両側に男と女の横顔を描いて、しり穴をキュッとしめると、2人がキスしたみたいになるやつ。

絶対の自信があって、『ウチくる』って番組に呼ばれた時には「どうだ！」と披露した。もちろん「人面ケツ」の前に、「ヒザ小僧」もやったよ。

ところがスタジオではそこそこウケたはずなのに、「ヒザ小僧」は放送されたのに、「人面ケツ」はすべてカット。ショックだったね。たぶん放送コードとかでマズかったんだろう。あれで、「テレビでは、何でもやればいいってもんじゃない」のを痛感した。

『アウト×デラックス』では、下ネタを連発して、ナインティナインの矢部さんに、「その話、あんまりおもろない」とクギを刺された。これもスベッたっていうより、凍らせたみたい。

3年くらい前に『バナナサンド』にも出た。これもナイツのお蔭。一緒に出たのが、芸人THEブラスト。紙切りとかジャグリングやるコンビでビックボーイズと同じ漫才協会の仲間。彼らが、皿回しで皿落とすってのやったらバカウケでさ、こっちはもうすっかりカズンじゃった。

難しいよね。テレビじゃなかなか結果が出ない。

「女房には、『あなたがテレビに出るとシロートの目になる』って言われてる。でもね、ブレークとブレーキは紙一重」

テレビに出た後、それ見てた女房には、よく言われるんだ。

「あなたがテレビ出るとシロートの目になってる。目が泳いで落ち着きがなくなるんで見てられない」

シロートに「シロート」って言われたら、もうおしまい。まさに、たまらんぜ！　世界中で、女房にこんなこと言われる人間はなかなかいないんじゃないの。

だけどね、オイラも、だいぶ開き直って来たんだ。「七転び八転び」、スベリっぱなしでもやり続けていけばいいんじゃないか。人生は一回きり、好きなことやって、それが続けていけたらいい。

錦鯉なんかもそうでしょ。なかなかメが出なくて、ライブでもスベッてたりもしただろう。そこでメゲずにやっていったから、あれだけになった。

「ブレークとブレーキは紙一重」

最近はこれがオイラの信条。たとえまわりの空気が凍ったって、やればいいの。ちょっと言い過ぎかな。やっぱり、オイラは度胸がないのよ。テレビに出ると失敗を怖がって、ついつい「空気を読もう」とする。思い切りが足んない、ってことなんだろうな。錦鯉みたいに、気持ちよく爆発出来ればいいんだが。

ま、何かのはずみにポーンと突き抜ける可能性はまだ信じてる。

「のいる・こいる師匠じゃないけど『健康さえあれば命はいらない』ってのは本当だ。たとえ抜かれっぱなしの人生でも、健康だからこそ、まだ抜き返せる希望もある。もう、最後の賭けだ。何賭けるかわかんないけど」

のいる・こいる師匠の
「健康さえあれば命はいらない」

あの言葉は、オイラも舞台ではよく使わせてもらってる。もちろんちゃんと「これはのいる・こいる師匠のセリフ」としゃべった上でね。

確かに「健康」ほど大事なものはないよ。たとえ後輩に次々に抜かれたって、健康で舞台に立てる限りは、まだ逆転の可能性は残ってる。

だから、健康にはすごく気を使ってる。一日に最低でも30分以上はウォーキングして、運動不足にならないようにしてるし、睡眠時間もしっかりとるようにしてる。昔みたいに深酒もしてない。

この前、6年ぶりくらいに胃カメラの検査受けて、ガンがなかったんで、一安心だった。もっともガンになったって、どうせ「ヒザ小僧」も「人面ケツ」もやってるだろうけどね。

少なくともあと10年、出来れば90過ぎるくらいまで、元気で舞台に立っていたい。それだけあれば、最後の賭けに立ち向かえる。何を賭けるか、よくわかんなかったりするが、今までいたのとは違う世界を見られるかもしれない。

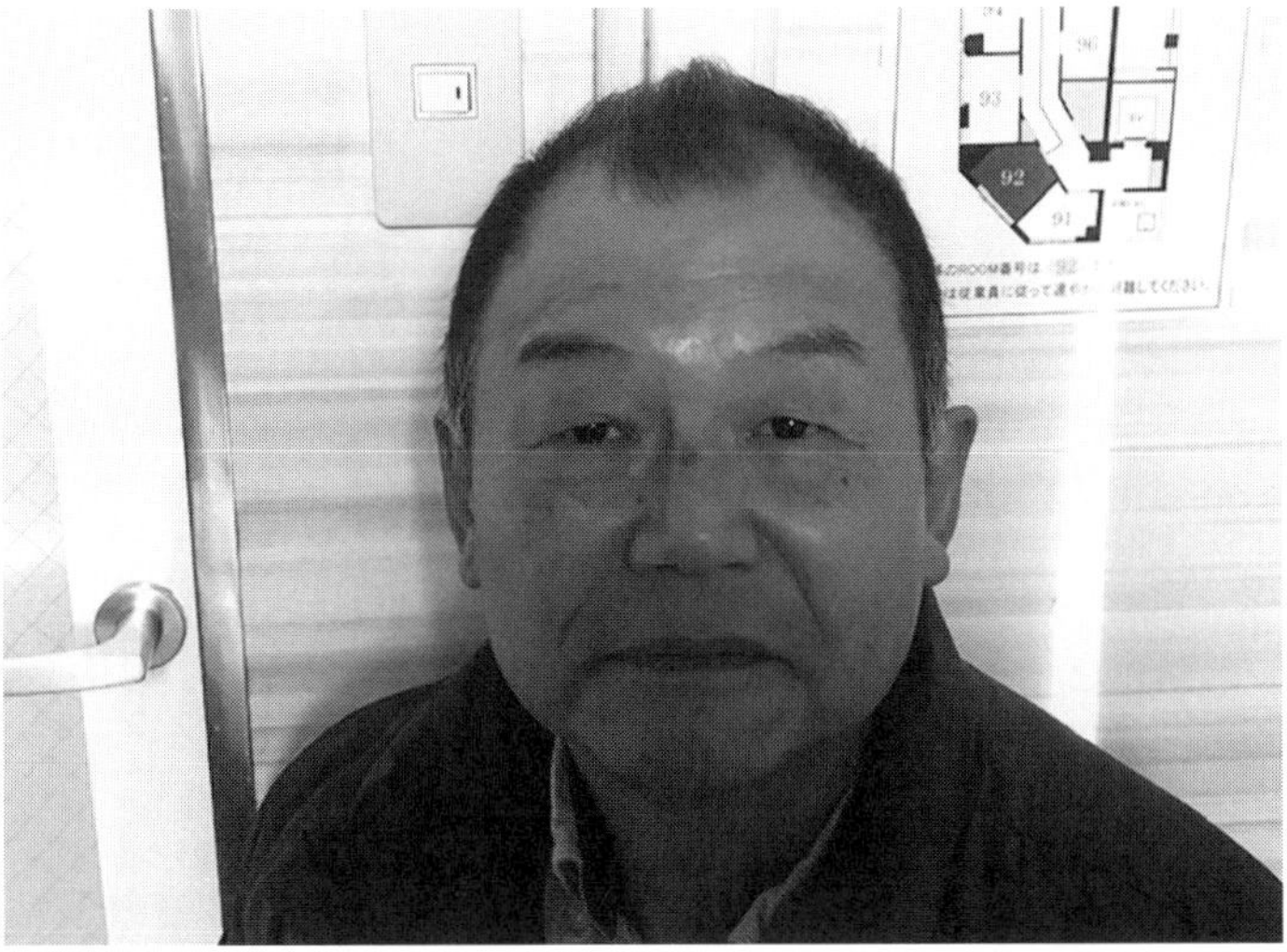

（証言）羽生愁平

●すでに結成して30年のビッグボーイズの相方。

「なんでこんな人と30年コンビやってたんだろ。よくわからない」

なべさんの人柄は、「トンチンカン」

そりゃ30年も一緒にやっていれば、言いたいこと、気になることは山ほどあります。やっぱり、まず気になるのは、とにかくやることがトンチンカンなことでしょうか。ガラケー使ってた時代なんですが、千葉の敬老会でベテランの師匠と一緒に営業に行ったことがあったんです。それで、ちょうどその師匠が出番の時に師匠のガラケーに電話がかかってきて、所属してた事務所のマネージャーからでした。なべさん、代わりに出て、

「いやぁ、大したもんです。さすが師匠、お客さんにバカウケ」

なんて電話でもヨイショをさんざしてから「伝えときます」って切っちゃった。そしたら出番終わって戻って来た師匠、怒り狂って、

「バカヤロー！　これはショクナイだ！　なんてことしてくれた！」

「ショクナイ」って、要するに事務所通さずに、直接、ギャラもらっちゃう仕事ってこと。バレちゃまずいわけですよ。電話出るんなら、そういうのは、ちゃんとアタマに入れて受け答えしなきゃいけないのに、なべさんにはそういう配慮がない。

ＮＨＫのラジオの仕事で球児・好児師匠とご一緒させていただいた時も、なべさん、球児師匠とほぼ衣装がカブっちゃった。普通なら先輩に遠慮して、違う衣装にかえるのに、なべさんはまったく配慮がない。平気で球児師匠より前の出番なのに、その衣装着て客前に出ちゃう。

そのくせ、球児師匠の出番の後は、

「ウケますね。サイコーですね」

なんて一生懸命ヨイショしてる。温厚な球児師匠だから良かったんですが、本来なら怒られて当然ですよ。

気を利かすところがズレてるんです。

行動全体がトンチンカンなんですね。待ち合わせすると、よく遅刻するんですが、メールでは「あと3分で着く」とか「もう11分かかる」とか、妙に半端な時間を送ってくる。それでときたま自分の方が早く着くと「もう着いてる」と1分おきにメールが来たりする。

昔、まだポケベル使ってたころ、秩父方面に営業があって、「オレは用があって後から車で行くから、先に電車で行ってくれ」って言われたんです。それで池袋駅のレッドアロー号に乗って、あと2〜3分で出発ってところで、突然、ポケベルがなり出した。突発事故で来られなくなったのかと、心配して公衆電話を捜して急いで連絡したら、「用事終わったし、早く着くよ」って。

いい加減にしろと思いましたね。早く着くなら電話なんかしなきゃいい。それよりこっちがギリギリで電車に乗りそこなって遅刻するかもしれないんだから。

毎日、健康のために1日最低30〜40分はウォーキングしてるのが自慢なくせに、地方の営業で、駅から歩いて10分の会場行くにも、「かったるい」「疲れる」ってうるさい。独特の感覚というしかないです。

どこまでいっても「いい加減」

何かあると、すぐ人のせいにするのもあるな。

地方の営業で、楽屋に衣装がハンガーにもかけれられずに脱いだまま置かれてたりす

ると、

「羽生ちゃん、ダラしないよ。こんなところに脱ぎっぱなしは」

なんてぼくに注意するんですが、実はそれはなべさんの衣装だった、なんてのもよくある。

舞台でネタやってる最中でも、自分がセリフ飛んじゃったくせに、「ほら、ツッコミが遅いからテンポ狂っちゃった」って、素になってダメ出ししてきたりする。コンビの間で、妙な「ルール」を作って、守らないと怒ったりもするんです。「前髪はおろすな」とか「靴下は全部黒じゃなきゃダメ」とか。それで「漫才なんだから、普段でもちゃんと襟のある服を着ろ」とか「デニムははくな」とかいろいろ。

それをいちいち押し付けるくせに、本人はよく黒い靴下忘れてきて、舞台でも白い靴下で出たりするからせわはない。

しっかりしているように見せたいくせに、基本的にいい加減なんです。

「いい加減」ていったら、以前、青空うれし師匠に連れてってもらったロスの帰りの飛行機。なべさんが一生懸命、ウイスキーが欲しいってＣＡさんに言ってるのにぜんぜん通じない。見かねて、となりに座ってた、英語のうまい日本人女性がＣＡさんに通訳したら、一発で通じたんです。そしたらなべさん、いかにも英語が得意そうな口ぶりで、その女性に、「サンキュー、ベリーマッチ」って。日本人相手に、何考えてんだと呆れましたよ。

聞き間違いも多いですね。

以前、ケーシー高峰師匠に営業に呼ばれたんですが、会場のはずの「日比谷公会堂」に行くと、人っ子ひとりいない。どうやらなべさんの聞き間違いで、「渋谷公会堂」だったんです。

「下田」で仕事があるって聞いて、直前で確認したら「下館」だったこともあったし、「亀有の香取神社」じゃなくて、「亀戸の香取神社」だったこともある。

ひとから仕入れた情報を、さも自分が仕入れたようにしゃべったりもしょっちゅうです。

以前、サラ金の武富士がなくなった時も、

「羽生ちゃん、あれはね、武富士には大きな銀行がついてなかったからだよ」

とさも自分が仕入れた知識のようにいってたんですが、それって1カ月前、ぼくがなべさんに話してたことなんです。

パクるのは得意です。

酒井くにお・とおる師匠の、「ここで笑わないと、もう笑うところないですよ」とか、のいる・こいる師匠の「健康さえあれば、命もいらない」なんて、もろ、舞台でパクッてます。

昨日テレビで見た、って話をそのまましゃべったりもします。『人志松本のすべらない話』で、古舘伊知郎さんがこんな話してたって、そのまんま。本人が話すから面白いんで、なべさんがやったって仕方ないのにね。それを前もって打ち合わせもなしに5分も続けたりする。そりゃダレますよ。

そのくせ、ぼくがちょっとアドイブ入れると、「なんで打ち合わせ通りやんないんだよ」ってキレたりする。こっちに合わせるような臨機応変さはぜんぜんないんですね。でも時流には乗りたがる。結局、誰か別の芸人がやってたネタをパクるしかないんです。

この前のサッカーワールドカップでも、「クロアチアには『何とかッチ』が多いから、そのうちねづっちも出てくる」みたいなの、人のネタ聞いて、やってましたから。

そのくせ、若手のネタ見て、ちょくちょく後で飲みに連れて行ってアドバイスしたり

はしてるんです。ただ一貫性はないな。まだ売れる前のナイツには、

「お前らは地味過ぎる。もっと腹から声出して元気良くやんなきゃ」

なんて言ってたのが、売れた途端、

「いいねぇ。実にセンスが良くて味がある。へんに声を張り過ぎないのもいい」

なんてコロッと変わっちゃう。

30年いて、協会の理事になれないのも当然ですよ。こんないい加減な人間に、大事な仕事は任せられない。

目指すは「最年長漫才師」

「空気が読めない」っていうのは天下一品ですね。

以前、あまり有名とはいえない女性演歌歌手の司会に2人で呼ばれて行ったことがあるんです。そんな時でも、

「私は藤あや子さん、坂本冬美さんなど大物歌手の司会ではいつも失敗するけど、きょうはそうじゃないから大丈夫」

なんて、その歌手の方が傷つきそうなことを平気で言っちゃう。しかも、気付かない。また、歌手の方がおしゃべり好きでなべさんの話にツッコミ入れてきたりすると、

「オレがしゃべってんだから、黙っててよ」

主役は歌手なのにね。

ちょうど、Wコロンが「なぞかけ」ブームでブレイクしたころでしょうか。東洋館にもWコロン目当てのお客さんが増えたんです。それで、ビックボーイズの出番がWコロンの前の前だったことがあって、なべさん、ネタ中でも、さかんに
「皆さん、お待ちかねのWコロンは次の次に出ます」

何度も繰り返す。気の毒なのは、次に出て来た芸人さんです。しかもベテランの師匠。

「なんだ、オレはWコロンが出るまでのつなぎかよ」

って顔で、苦虫かみつぶしてた。

なべさんは、若手のオキシジェンを気に入ってるんですが、夜中、メール送り出すと、相手の都合考えずに、次々に送ってくるらしい。「おやすみ」と締めても、その後が長いんです。ナイツの推薦でテレビ出てスベッた後の反省のメールも、やたら長いって本人たちがコボしてました。

なんでこんな人と30年もコンビでやって来たのかな。よくわからない。

どうすれば売れるかって聞かれても、思いつかないですよ。何が当たるかわからないんで、可能性はゼロではないでしょうが。

今のところ、目標としては、年上のコンビがどんどんお亡くなりになってることだし、「日本の最年長漫才コンビ」を目指しましょうか。

おわりに　「感謝」「感謝」の人生で、たまらんぜ！

考えてみれば、「売れてない」ってことを除けば、これほど恵まれた人生はなかったかもしれない。

生活保護の、とんでもないビンボーな家に生まれた人間が、ずっと好きなことやった上に、とにかく分譲マンションも車も持って、毎日風呂にも入れるんだから。

ヒザ小僧にマジックで顔描たり、尻にキスする男と女の顔描いて笑ってもらったり、バカバカしいっていったら、どうしようもなくバカバカしい。でも、これがオイラの「好きなこと」なんだから、不満も後悔もない。ずーっとお笑い芸人になってよかったと思ってる。日本人が1億人いるとして、「自分は好きなことしてる」とはっきり言える人は1割もいないでしょ。

感謝しかない。それをやらしてくれたまわりの人たちみんなに。

まず、66歳の今まで、大病もせずにずっと健康でいられる体で産んでくれた母親、土方で苦労しながら育ててくれた父親。健康がなければ好きなことなんてできるわけもないから、両親には感謝だね。

「やりたきゃ、やりなさいよ」と好き勝手やらしてくれた妻にも感謝しても、感謝し足りない。「売れない芸人なんて」ってポイされても文句言えないもん。「お父さん頑張って」って応援してくれてる子供たちにも、やはり感謝だな。

旅行に連れてってくれる社長さん、イベントがあると必ず呼んでくれてご祝儀くれる社長さんもありがたし、東洋館で笑っていただけるお客さん達もありがたい。テレビにちょくちょく呼んでくれるナイツをはじめとして、漫才協会の皆さんもありがたい。オイラを支えて、ずっとお笑い芸人でいさせてくれる人達、みんなありがたい。

この年になると、「感謝」と言う気持ちがうわべだけじゃなく、本心から出るようになってきてる。

皆さん、ありがたくて、ホントにたまらんぜ！

令和5年4月
なべかずお

たまらんぜ！　芸人人生七転び八転び

2023年4月15日　初版発行

著　者◆ビックボーイズ・なべかずお

発　行◆(株) 山中企画
〒114-0024 東京都北区西ヶ原 3-41-11
TEL03-6903-6381　FAX03-6903-6382
発売元◆(株) 星雲社（共同出版社・流通責任出版社）
〒112-0005　東京都文京区水道 1-3-30
TEL03-3868-3275　FAX03-3868-6588

印刷所◆モリモト印刷
※定価はカバーに表示してあります。

SBN978-4-434-31950-1　C0076

Fin